가족미술치료와
물고기 가족화의 해석

가족미술치료와
물고기 가족화의 해석

유미 · 정선화 지음

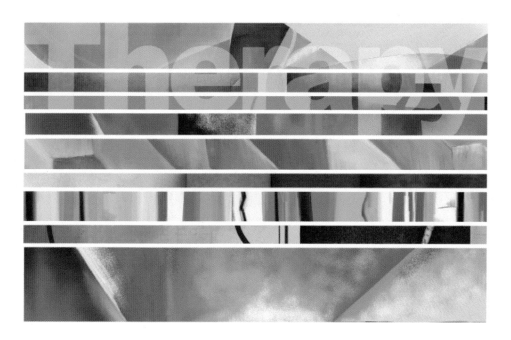

이담
Books

머리말

　현대사회의 지나친 경쟁은 사람들에게 육아, 교육, 직업 등 사회 전반에 걸쳐 과도한 목표를 세우도록 하여 심리·정서적으로 많은 부작용을 낳게 되었다. 최근에 미술치료에 대한 관심이 증가하는 것은 이에 기인하는 것으로, 이와 함께 각 증상에 대한 미술치료 효과성 연구도 활발히 진행되고 있다.

　지금까지의 미술치료는 주로 개인의 증상에 따른 개인치료 및 집단 치료의 형태로 진행되어 왔으며, 가족의 개입은 치료 후 치료사와의 면담으로만 이루어져 왔다.

　필자의 임상에서 보면 가족 모두가 치료에 참여하거나 혹은 가족의 일부가 치료에 참여하는 형태가 개인 및 일반적인 집단치료에서보다 더욱 효과적인 것을 볼 수 있었는데, 이런 효과성에도 불구하고 가족미술치료가 활발히 이루어지지 않는 것은 시간적·비용적인 문제가 가장 큰 원인으로 보인다. 그러나 최근 가족 치료의 중요성이 부각되면서 가족미술치료에 대한 연구가 본격적으로 이루어지기 시작했으며, 미술치료 역시 가족중심으로 이루어지는 것이 효과적이라는 보고가 전해지고 있다.

　사람의 심리적·정서적인 상태가 유아기에서부터 비롯된다는 데에는 이견이 없다. 그리고 특별한 경우를 제외하고는 그것은 가족 내에서 이루어진다. 따라서 심리적인 치료가 필요한 사람들에게 가족 구성원 전체가 참여하는 가족치료가 효과적이라는 것은 당연하다 할 것이다.

　이 책은 이러한 맥락에서 가족미술치료의 진행에 필요한 이론적 배경 및 실제 임상에서 적용되는 미술치료 프로그램과 그에 따른 진행 방법에 대해 기술하였다. 또한 가족치료를 실시하기 전에 가족의 역동성을 파악하기 위한 그림 진단 도구로 사용되는 물고기 가족화의 사례들도 함께 수록하였다. 부족하긴 하지만 이 책을 통해 좀 더 많은 사람들이 가족미술치료에 관심을 갖고 임상에서 적용하였으면 한다.

이 책은 총 5장으로 구성되어 있으며, 각 장의 주요 내용은 다음과 같다.

제1장에서는 가족미술치료에서 적용할 수 있는 중요한 가족 치료이론과 발달 이론들을 함께 다루었다. 이러한 이론적 접근은 미술치료사로서 가족치료에 참여하는 내담자들에게 필요한 치료적 방향을 제시해 줄 수 있을 것이다. 그러나 한 가지 이론을 고집하기보다는 다양한 이론적 관점에서 내담자들에게 필요한 부분을 융통성 있게 접목하는 것이 더 효과적일 것이다. 이를 위해서는 각 이론에 대한 정확한 이해가 필요하다.

또한 이 책에는 싣지 못했지만 심리 상담치료 이론에 대한 이해도 함께 요구된다. 미술치료는 사람의 정신세계를 이해해야 하는 만큼 그와 관련된 여러 학문에 대한 지식을 습득하는 것은 미술치료사로서 해야 할 중요한 과제라 생각한다.

제2장에서는 미술치료와 가족미술치료의 기본적인 개념 및 미술치료의 장점과 그 효과성에 대해 간략하게 기술하였다. 이 장을 통해서 미술치료가 무엇인지 조금은 이해할 수 있으리라 생각된다. 제1장의 이론들과 함께 접목시킨다면 가족미술치료의 진

행에 많은 도움이 될 것이다.

제3장에서는 물고기 가족화 및 일반적인 그림을 해석하는 데 필요한 기초자료를 수록하였다. 물고기 가족화는 가족의 역동성을 파악하는 중요한 단서가 될 뿐만 아니라 유·아동을 대상으로 자주 실시되는 그림검사이니만큼 정확한 해석지침이 필요하다. 따라서 이 장에서는 정확한 해석을 위해 그림 진단에 필요한 여러 가지 사항들을 분류하여 기술하였다. 이는 물고기 가족화뿐만 아니라 일반적인 그림해석에 있어서도 유용한 자료가 될 수 있다.

제4장에서는 3장의 기초해석 자료 및 피검사자의 상담 자료를 근거로 물고기 가족화의 사례를 실었다. 여기 수록된 사례들은 필자들이 지난 10년 동안 임상에서 수집했던 물고기 가족화 그림들을 선별하여, 총 9개의 유형으로 나누어 설명하고 있는데, 이를 통해 가족과의 관계가 사람의 심리와 정서에 얼마나 중요한 역할을 하는지 알 수 있을 것으로 생각된다. 그림을 실을 수 있도록 허락해 주신 내담자 및 가족분들께 지면으로나마 감사의 말씀을 전한다.

이 장에서는 물고기 가족화를 주로 어린 대상에게 사용하는 만큼 호칭에 있어서 존칭어보다는 아빠, 엄마와 같은 경어를 사용하고 있으며, 피검사자의 연령에 따라 남아, 여아 혹은 피검사자라는 호칭을 동시에 사용하고 있다. 사례를 편하게 읽을 수 있도록 하기 위해 통일된 호칭을 사용하지 못한 점, 독자들의 양해를 구한다.

또한 모든 그림검사 책이 그러하듯, 이 장의 사례그림에 대한 해석 역시 기초자료를 토대로 이루어지긴 하였으나, 검사 시 피검사자의 기술방식이나 검사태도 등에 의해 좌우된 점이 있으므로, 각 사례의 내용적 해석들이 절대적인 해석 자료의 근거가 될 수는 없음에 유의하였으면 한다.

제5장에서는 가족미술치료 프로그램과 그에 따른 진행 방법을 소개하였다. 이 장에서는 가족치료를 개인작업과 협동(집단)작업으로 구분하여 기술하였는데, 각 프로그램의 치료적 특징이 있으므로 이를 파악하여 현장에 적용하였으면 한다.

분류된 각각의 작업은 일반적인 미술치료에서 실시되는 프로그램과 거의 유사하다. 단지 그 진행 방법에 차이가 있을 뿐이다. 따라서 여기 수록된 진행 방법을 토대로 다른 프로그램들에 접목시켜 사용하였으면 한다.

탈고를 앞두고 나니 많이 부족하다는 생각에 마음이 무겁다. 그러나 미술치료를 공부하는 학생 및 치료사들의 진행을 돕고자 지난 일 년간 필자들은 사례분석과 자료

수집에 몰두해 왔다. 그리고 많은 용기를 내어 이 책을 출간하게 되었다. 이 책을 읽는 독자들의 많은 비평과 조언을 진심으로 바라는 바이다.

　이 책이 출간되기까지는 많은 분들의 도움이 있었다. 항상 사랑과 격려로 용기를 주시는 가족들, 늘 바쁜 엄마들에게 불평 하나 없이 응원을 보내 주는 예쁜 아이들 민재, 재완, 윤서, 언제나 치료적 조언을 아끼지 않으시는 용인정신병원 이용석 선생님, 신동근 선생님, 그리고 늘 현장에서 함께 애써 주시는 미술치료사 천지혜 선생님께 감사의 말을 전하며, 이 책의 출간을 위해 애쓴 한국학술정보(주) 출판사 여러분들께도 감사의 말을 전한다.

2010 11월

유미, 정선화

목차 CONTENTS

PART 01

가족치료의 이론적 배경

Part 01

가족치료의 이론적 배경

1. Murray Bowen의 가족체계이론

1) 철학적 배경

Bowen은 의과대학졸업 후 군에서 정신 병리적 현상을 경험하면서 정신의학에 관심을 갖기 시작했으며, 그 이후 13년간 정신분석 훈련을 받고 메닝거 클리닉(Menninger Clinic)과 국립정신보건연구소(National Institute of Mental Health)에서 연구하면서 정신분열환자와 가족들을 치료하였다(Hoshino, Kerr, McCarley, Parashak, Suthurland 2010).

그의 주된 관심사인 '모자공생(mother—child symbiosis)'을 연구한 결과 불안한 애착관계(anxious attachment)라는 개념에 초점을 맞추게 되었다. 불안한 애착관계란 이성과 자기통제가 불가능하다고 여기는 불안에서 발생하는 애착의 병리적인 형태로 분화(differentiation)가 되지 않음으로 인해 일어난다고 본다. 즉 증상을 보이는 부모의 자아가 분화되지 못하여 부부 중 한 사람은 지나친 적합함, 한 사람은 지나친 부적합함을 지니고 있으면 정서적 이혼상태에 놓이게 되며, 책임회피와 의사결정의 포기로 이르게 된다. 이 시기부터 가족을 하나의 유기체로 인식하고 아버지를 비롯한 가족 성원을 치료과정에 포함시키면서 가족치료가 시작되었고 가족체계에 관한 이론을 확대하여 정리하였다.

2) 주요 개념

대부분의 초기 가족치료자는 통찰보다는 행위에 관심을 두었고, 이론보다 치료기법에 더 많은 비중을 두었으나 Bowen은 예외였다. 치료방법으로서뿐만이 아니라 치료의 근원으로서 가족에 전념하였다. 그가 보는 가족은 정서적 단위이며 가족원은 가족이라는 '정서적 장' 내에서 반응하는 정서적 자극의 복합체인 것이다(김수만, 2008).

Bowen의 가족이론은 8가지 상호 연관된 개념으로 구성되어 있는데 1963년에 핵가족과 확대가족에서 일어나는 정서적 과정에 대한 6가지 개념을 완성하였고, 1975년에 가족과 사회에서 세대를 통해 일어나는 정서과정에 관한 2가지 개념을 더 추가하였는데 그 내용은 다음과 같다.

(1) 핵가족 정서체계

Bowen은 가족을 하나의 관계체계(relationship system)임과 동시에 역동적인 정서체계(emotional system)로 보았으며, 정서체계는 모든 생물체의 삶을 결정하는 자동적이고 본능적인 자극 반응이면서 생존하기 위한 즉각적인 반응이라고 하였다. 동물의 행동을 단순한 정서적 반동반응(react emotionally)으로 인식하면서 인간은 그 위에 감정이라는 또 하나의 단계를 가지고 있는 것으로 전제한다.

인간의 정서적 반동반응이 정서·감정·지적 체계에 동시적으로 일어나는 사례는 다음과 같다. 어떤 개인이 누군가로부터 거부당했을 때 그 대상으로부터 철수하고 싶고, 슬픈 감정을 느끼는 동시에 자신의 입장을 정당하게 주장하는 지적 과정이 작용하는 것으로 설명할 수 있다.

가족의 유형 중에서 핵가족 정서체계는 부모와 자녀의 핵가족체계 내에서의 관계유형을 말하며, 긴장이나 불안이 발생했을 때 이 상황을 처리해 나가는 과정을 나타내는 개념이다. 즉 한 세대의 가족 내에서 나타내는 정서적 기능을 설명한 것이다. 예컨대 자아분화수준이 낮은 사람이 결혼을 할 경우 둘 간의 상충된 욕구로 인해 정서적 균형이 지속적으로 유지되기 어렵고 두 사람의 자아가 융합되어 공동자아를 형성하게 된다. 이 관계가 심각한 결혼 갈등에 이르면 복종적이었던 배우자가 정서적·신체적으로 역기능을 발생시키거나 때로는 지나친 융합이 부부간의 정서적 거리감을 증가시켜 자녀 중 한 사람에게 투사함으로써 여러 가지 부적응을 초래할 위험성이 있다.

(2) 자아분화와 융합

자아분화는 Bowen의 가족이론과 치료의 초석이며 목표이기도 하다. 내적과정으로서 자아분화란 개인이 자신의 지성과 정서적으로 판단된 기능 사이의 차이를 인식하는 능력을 말한다(Bowen, 1972, 1978; Nicols&Schwartz, 2004). 개인은 각 유형의 기능이 자신의 행동을 지배하는 정도에 대해 선택을 내릴 수 있어야 한다. 즉 한 개인의 분화는 그 부모가 원가족으로부터 정서적으로 얼마나 분리, 독립되었나를 나타내는 것이기도 하다.

인간은 태어나면서부터 어머니와 공생관계나 정서적인 융합상태를 이루게 되는데 융합상태는 어떤 신념체계나 여론에 의한 것보다 '기분 좋게 느끼는 것'에 의해 정서적 과정이 결정되는 것으로 개인의 분화는 이 융합관계에서 하나의 개체로서 일관된 신념, 가치, 생활원칙을 가지고 행동할 수 있는 상태를 성취하는 것을 의미한다.

가족의 자아가 미분화되어 있고, 융합이 심한 가족일수록 개인자아의 자주성과 개체성이 상실되어 원가족으로부터의 역기능적인 스트레스에 가장 취약하여 정체감이 적어 타인과 쉽게 융합되며 자신과 타인을 분리하지 못하는 경향을 보인다(정문자 외, 2010). 또한 장애가 만성화되거나 영속화될 수도 있다. 따라서 자신이 속한 기존의 가족관계와 다른 관계유형을 제대로 구축하지 못하고, 불안이나 변화를 경험할 때 정서적 반응의 지배를 받는다. Bowen은 이러한 현상을 가족 안에서 정서적으로 '상호 고착(stuck togetherness)'된 상태라고 설명한다.

자아분화가 높을수록 다른 사람과 보다 깊은 정서적 관계를 맺으면서도 개체성을 띠게 된다. 언뜻 보면 냉정하게 보이거나 거리감이 느껴지기도 하고, 엄격한 사람으로 인식되기도 하지만, 외부압력이나 자극에 중립성을 유지하면서 자신의 정신건강뿐 아니라 타인에게까지 건강한 영향을 미치게 된다.

자아분화의 다른 중요한 부분에는 진아(solid self)와 가아(pseudo self)가 있다. 진아는 외부나 타인의 영향으로 생활원리와 신념이 쉽게 변화되지 않는 일관된 자아로 융합현상과는 무관하다. 항상 자신의 신념, 의견, 확신, 삶의 원칙을 분명하게 정의한다. 반면에 가아는 외부의 압력이나 타인의 영향으로 쉽게 굴복하고 변화하는 일관되지 못한 가치나 신념이다(정은, 2006). 자아분화가 잘 이루어지지 못한 사람은 확고한 자아를 발달시키지 못하므로 거짓자아가 발달하게 되어 자신의 일관된 신념으로 자주적이며 독립적인 행동을 하지 못한다. 미분화된 가족자아에 융합이 심한 가정일수록 개인자아의 자주성과 개체성이 상실되어 있다.

(3) 삼각관계

Bowen(1976)은 사람들이 불안을 감소시키고 안정감을 얻기 위해서 다른 사물이나 인물을 끌어드리는 경우가 많은데 그때 형성되는 관계가 삼각관계라고 설명하였다(오선미 역, 2010). 이것은 어떤 두 사람이 또 다른 사람을 자신의 정서적 문제에 끌어들이는 형태를 기술하는 개념이다. 삼각관계가 일어나는 주요 요인은 자아분화 수준과 경험하는 긴장의 정도이다. 즉 자아분화 수준이 낮고 긴장이 심할수록 그러한 현상이 나타난다. 삼각관계의 일반적인 사례는 부부가 자신들의 문제를 해결하지 못한 채, 자녀를 끌어들여 초점을 맞추면서 긴장을 완화시키는 것이다.

가족 내의 미해결된 긴장은 일련의 중복된 삼각관계를 초래한다. 긴장이 더 심해지면 제3자는 떠나게 되고 네 번째 사람을 끌어들일 수도 있다. 때로는 가족 내에서 더 이상 삼각관계를 만들 만한 인물을 찾지 못하면 가족 이외의 사람과 관계를 형성하기도 하는데, 삼각관계 형성이 표면적으로 사람 간의 정서적인 긴장을 완화시는 것으로 보일 수는 있지만 근본적인 갈등이 해결되는 것은 아니다. 그러나 가족 이외의 인물이 치료자라면 가족의 관계를 개선하는 데 도움을 줄 수 있을 것이다. 치료과정을 통하여 가족으로 하여금 삼각관계가 병리적인 문제에 얼마나 큰 영향을 주는지 깨닫게 하며, 궁극적으로 가족체계의 바람직한 변화를 초래하고자 하였다(김유숙, 1999).

(4) 가족투사과정

부모의 미분화가 자녀에게 전달됨으로써 세대를 걸쳐 미분화가 진행되며 자아분화수준이 낮은 가정일수록 경향이 심하게 나타난다. 자아분화 수준이 낮은 부모 중 한쪽이 자신의 불안을 경감하기 위해 특정 자녀를 선택하여 정서적으로 공생관계를 맺을 때 다른 한쪽 부모는 그런 관계를 지지하거나 회피함으로써 그 관계를 강화한다.

투사대상으로 선택되는 자녀는 출생순위, 부모의 남녀 선호, 부모의 불안 수준, 임신이나 출산 시의 불안 정도에 따라 달라질 수 있다. 불안정도가 높은 부모는 투사대상이 된 자녀의 현실적인 욕구보다 더 걱정하고 과잉보호하며 자신 안에 함입시킨다(정은, 2006).

Bowen(1978)과 Kerr & Bowen(1988)에 의하면 핵가족에서 부모의 분화수준은 자손에게 투사된다고 한다. 부모의 정서적 융합은 불안정과 갈등을 조장하고, 부모는 종종 특정한 자녀와 삼각관계를 형성한다는 것을 내용으로 한다. 즉 투사는 어느 가정에서나 일어나는 현상일 수 있는데, 분화수준이 낮을수록 투사경향이 심하다.

(5) 다세대 전수과정

이 개념은 가족의 낮은 자아분화 수준의 정서과정이 다세대를 통해 전수되는 것을 의미한다. 투사대상이 되었던 자녀가 비슷한 분화수준의 사람을 만나 결혼하여 자신들의 미분화 된 상태를 자녀 중 하나에게 투사하고, 그 자녀의 자아를 더욱 미분화된 상태에 놓이게 한다. 아동의 경우 자율적으로 생각하지 못하거나 정서적으로 제약을 받으면 가족의 전통에 순응하거나 거역할 수 밖에 없는 것이다(Nicols&Schwartz, 2004). 이러한 형태의 투사과정이 여러 세대에 걸쳐 지속되면, 3대 또는 그 이상의 세대에 가서 정신분열증이나 정서적 질환과 같은 역기능적 현상이 발생할 수 있다. 즉 자녀의 분화수준은 부모의 분화수준을 초월할 수 없게 된다. 만약 핵가족 정서체계에서 가족과 융합을 이룬 정도가 강하면 강할수록 자녀의 분화수준은 더 떨어지며, 융합이 가장 약한 자녀의 자아분화수준은 높아진다(오선미 역, 2010). 결과적으로 부모세대가 지니고 있는 핵가족 정서체계의 강도를 알 수 있으면 자녀의 분화수준을 예측할 수 있는 것이다.

다세대 전수과정에서 중요한 요인은 자아분화 정도와 만성불안의 정도로 외부자극에 대해 반응하는 정도에 따라 결정된다. 외부자원을 활용할 수 있는 환경에서 스트레스를 조정하는 능력이 확보되어 있으면 부모가 자녀에게 미치는 영향이 크지 않지만, 외부자원이 적으면 적을수록 한 자녀에게 역기능적인 초점이 모아진다. 이렇게 볼 때 정신질환과 같은 역기능의 문제는 개인의 질병이 아니라 가족체계에서 누적된 자아의 미분화, 즉 융합의 결과인 셈이다.

(6) 정서적 단절

한 개인과 자신의 원가족 간의 미해결된 정서적 애착 또는 통합이라는 정서적 긴장을 설명한 것으로, 그 문제에 대처하는 방법으로서 극심한 정서적 분리의 양상을 의미하는데(김유숙, 1999), 부모와의 과거에서 벗어나려는 첫 단계의 노력이다. 정서적 단절은 세대 간의 잠재된 융합의 문제를 반영하는 것이므로 세대 간의 정서적 융합이 심각할수록 정서적 단절의 가능성이 높다.

융합이 심하여 정서적 단절을 시도하는 자녀는 자기 자신을 고립시키고 가족과의 정서적 접촉을 피하며 원가족의 중요성을 부인하면서 자신의 자아를 분화시키지 않은 채 물리적·정서적으로만 거리를 두고자 하며(physical distance, emotional distance) 위장된 독립(pseudo independent)의 형태로 나타나기도 한다. 그러나 고립된 소외에서 오는 불안으로 다른 사람과 관계를 맺으면 또 다른 융합을 초래한다(김유숙, 1999).

충동적으로 결혼한 사람은 정서적 단절의 좋은 예인데, 이런 사람은 결혼을 통해 원가족에게서 벗어난다 하더라도 진정한 독립을 얻는 것이 아니다. 왜냐하면 정서적 단절은 문제의 반영이며 해결의 시도인 동시에 문제를 재연시키는 것이며, 가족으로부터 욕구가 충족되지 않을 때 사람들은 대체 수단으로 교회, 직장, 지역사회의 조직에서 동질성을 추구하기도 한다. 원가족과의 폐쇄적인 체계를 개방하기 위해서는 원가족으로의 재진입이 필요하다. 방문을 하는 것이 최상이기는 하나 현재의 핵가족을 동반하지 않고 혼자서 원가족을 만나는 것이 중요하다.

(7) 사회적 정서과정

Bowen은 개인과 가족에 대한 정서과정 개념을 사회적 정서과정으로 확장하였다(정문자, 2007). 곧 사회에서의 정서적 과정이 가족 내의 정서적 과정에 영향을 준다는 것이다(김수만, 2008). 즉 가정의 체계와 마찬가지로 사회도 증가하는 불안에 놓이게 되면 역기능을 나타내는데, 동질성과 개체성의 균형이 깨지면서 사회 전체에 대한 관심이 상실되고 하위집단들끼리 융합되기 시작하여 점차 증가되는 사회 불안에 의해 사회문제 해결 능력이 위기에 달하는 정서적 과정이다. Bowen에 따르면 가족은 만성적으로 불안에 휩싸일 때 이 불안을 감정적으로 억제하지 못하여 지적으로 행동할 수 없게 된다고 하였다. 그 결과 증상이 형성되며 가족의 기능에 퇴행이 일어난다. 이러한 불안에 의한 사회문제는 가정문제와의 연속선상에서 발전되므로 가정의 책임, 사회의 책임 범주에 대해 정확하게 정의해야 한다. 사회가 책임져야 할 한계는 얼마만큼이고, 어떤 방식으로 책임져야 하는가를 분명히 하는 것이지만, 사회가 어떠한 방법으로 개입하든지 궁극적인 목표는 개인의 분화수준을 높이는 것이 되어야 한다. 따라서 사회적 퇴행은 불안에 의해 사회적 문제해결능력을 위태롭게 하는 정서적 과정이다.

(8) 출생순위

Walter Toman의 영향을 받아 Bowen은 자녀의 출생순위가 가족역할에 영향을 미친다고 하여 가족의 투사과정과 관계있다는 견해를 덧붙였다. 즉 핵가족 정서과정에서의 형제자매위치의 영향을 개념화한 것이다(정문자 외, 2007). 각각의 다른 가정에서 태어났음에도 불구하고 동일한 출생순위의 사람들은 비슷한 성격을 가지고 있다는 사실은 한 개인이 가족체계 내에서 어떤 기능적 위치에 있는가를 추론할 수 있도록 하였다.

Toman은 생물학적 출생순위만을 염두에 두었지만 Bowen은 기능적인 출생순위까지 확대하였는데, 즉 출생순위가 인간의 일생을 통해 성격과 행동의 상호작용에 영향을 준다고 보아 관계 안에서 지배적·갈등적·상보적인 기능을 나타낸다는 개념을 적용하였다. 예를 들어 외동이의 경우 성인과의 상호작용에 길들여져서 또래집단보다 성인과의 의사소통이 훨씬 편하게 이루어지며, 외동아들은 아버지와의 동일시, 외동딸은 어머니와의 동일시가 더 가능하게 된다. 부모의 분화수준이 매우 낮은 상태에서 투사의 대상이 되는 첫째는 막내의 특징을 나타내거나, 첫째가 갖는 성격적 특징이 과장 혹은 경직되어 지나친 책임감과 죄의식에 사로잡힐 수 있다.

출생순위의 개념은 특정 자녀가 어떻게 가족투사과정의 대상으로 선택되는가를 이해하는 데 새로운 견해를 제공하였고, 개인이 결혼생활에 어떻게 적응할 것인지를 예측가능하게 하였다(김정택, 2004).

3) 가족의 정상적인 발달

가족 구성원들의 자아가 비교적 잘 분화되어 있고 불안수준이 높으며, 부모가 자신의 원가족과 정서적으로 좋은 관계를 맺고 있을 때 최상의 가족발달이 이루어질 수 있다.

잘 기능하고 있는 가족의 특징은 다음과 같다.

* 변화에 잘 적응할 수 있다.

* 여러 세대에 걸쳐 전체 가족과 원만한 연결을 맺고 있다.

* 차이점이 있어도 수용하고 때때로 차이점을 지지할 수 있다.

* 긍정적인 정서적 분위기를 유지하는 것을 중요시한다.

* 가정을 살기 좋은 곳이라고 인식한다.

4) 가족의 역기능적인 발달

Bowen의 체계에서 보면 개인이 감당할 수 없는 스트레스를 받을 때, 즉 융합되었던 관계가 붕괴될 경우에 증상이 발생한다고 한다. 그 증상은 가족체계가 극복하기 어려울 정도로 불안이 심할 때 발생하며 급성이든 만성이든 정서적 충동에 의한 반응의 산물이다. 성인에게 나타나는 행동장애는 윗세대부터 내려오는 '정서적 융합'의 결과이다. 정서가 지성을 마비시켜 합리적인 기능과 유능성을 손상시키는 것이다.

5) 치료과정

(1) 치료목표

Bowen치료의 중심은 여러 세대를 통해 반복되는 가족의 구조를 파악하여 자기분화수준을 높이는 일이다(정문자, 2007). 분화수준을 높이려면 불안을 다루는 방법을 알아야 하는데, 그것은 개인의 일이 아니라 가족 체계의 일이라고 할 수 있다. 그 이유는 드러난 증상은 개인에게 원인이 있다기 보다는 가족 체계 내에서 일어나는 현상이기 때문이다. 따라서 분화수준을 높이기 위해서 치료사는 관계의 맥락에서 보이는 감정반사 행동을 주의 깊게 관찰해야 할 필요가 있다. 관계는 핵가족이 원가족 형태의 반복이므로 핵가족과 더불어 원가족의 맥락도 중요하다.

(2) 치료단계

* 1단계-가족의 패턴을 파악한다.

반복되는 가족의 경험이나 가족원의 행동패턴 속에서 증상을 예견할 수 있다.

* 2단계-가족패턴 속에서 내담자에 대해 초점을 맞춘다.

객관적으로 가족 내의 문제를 인식하여 부모나 조부모 등에 대해 비난하는 것을 중단하는 단계이다. 부모가 최선을 다했다는 사실을 인정함으로써 원망이 없어지고 투사과정이 사라지며 사고체계가 향상된다.

* 3단계-계획을 공식화한다.

자신의 원칙에 기초하여 신념체계를 강화하도록 한다. 즉 가족 안에서의 문제를 분명히 정의하고 개인적인 신념, 행동원칙을 정의한다.

* 4단계-계획을 실천한다.

증상이 감소되고 새롭게 향상된 분화 수준이 형성된다. 내담자와 가족이 각기 다른 변화리듬을 가지고 있으므로 치료사는 기다릴 수 있어야 한다.

(3) 치료사의 역할

Bowen의 가족치료에서 교육은 중요한 치료의 방법으로 간주한다. 분화수준을 높이기 위해서는 지적 수준을 높이고, 지적 능력을 사용하도록 하고 가족을 이해시키기 위해서는 가족을 교육하는 것이 필요하기 때문이다. 교육을 받은 가족들은 새로운 개념과 방식을 배우고 이를 자신의 인격수양과 행동에 활용하고 있다.

교육을 하기 위해 치료사는 가계도를 작성해야 하는데(김유숙, 1999), 가계도의 작성법은 다음과 같다.

첫째, 가족구조를 도식화한다. 각 가족의 구성원이 한 세대에서 다음 세대까지 생물학적, 법적으로 어떻게 관련되어 있는지 도표로 묘사한다.

둘째, 가족성원에 대한 정보를 기록한다. 가계도의 뼈대인 가족구조를 도식화하게 되면 가족의 이력(출생이나 사망 시기, 연령, 직업, 교육수준), 가족의 역할(각자의 신체, 정서, 행동에 관한 비교적 객관적인 정보), 중요한 가족사건(인간관계의 변화, 이주, 상실과 성공) 등에 대한 정보를 덧붙인다.

셋째, 가족관계를 표현한다. 이 단계는 추론에 근거한 작업이다. 가족의 보고와 치료자의 직접적인 관찰에 근거하여 가족성원의 관계를 도식화하는 것이다. 다양한 관계를 각각 다른 선으로 나타낸다.

정보수집과 증상을 파악하는 동안 감정적인 흥분을 진정시킬 수 있으며, 치료가설을 세우면서 치료의 방향을 설정한다.

Bowen의 가족치료에서 또 하나의 치료사의 역할은 코칭인데, 내담자들이 직접 자신의 문제를 해결해 나가도록 조언하는 것이다(김정택, 2004). 즉 운동경기에서 선수를 돌보는 감독과 같은 것이다. 즉 실제로 경기를 하지 않고 객관적으로 선수를 관찰하며 시간이 되면 자신의 생각을 선수에게 전달한다. 경기가 시작되면 선수는 자신의 능력에 따라 실전에 임하게 되는 것이다. 이와 마찬가지로 치료사는 자율적으로 가족 구성원이 과제를 진행하도록 돕는 역할을 한다. 감독으로서의 역할을 요약하면 첫 번째 교사의 역할이다. 즉 가족 구성원 전체를 강하게 인도해 나가야 하고 더불어 각 구성원들에게 다양한 과제물을 제시해 주는 등 자유롭게 가족을 다룰 수 있어야 한다(김진숙 역, 2004). 두 번째는 모델의 역할을 하는 것이다. 중립과 객관성을 갖고 가족이 치료사의 방법을 배우도록 하며, 언어를 통해 감정을 객관화시켜 전달한다.세 번째는 형사의 역할이다. 질문을 통해 가족 간의 관계를 찾아내고 가족 스스로가 관계를 이해하도록 돕는다. 네 번째는 진행자나 협조자의 역할이다. 전체의 과정을 진행해 나가면서 가족이 자신의 행동을 통제하고 조절하는 과정을 충실히 수행하도록 협조하는 것이다. 마지막으로 조언자의 역할이다. 가족이 변화의 주체가 되어 각자 자신을 통해 가족이 변화되도록 계획을 수립하고 진행하도록 하는 일을 조언하는 것이다.

2. Salvador Minuchin의 구조적 가족치료 모델

1) 철학적 배경

아르헨티나에서 의사로 근무하였고, 미국의 유태인 지도 연구소에서 아동정신과 의사로 훈련을 받은 후 정신분석을 교육받게 된다. Harry Stack Sullivan의 대인관계 이론에 영향을 받아 빈민가에 거주하는 비행청소년과 가족을 치료하였으며, 1950년대 말 아동시설에서 가족면담을 시작하였다. 그는 치료과정에서 아동들의 가족구조를 고치는 데 치료의 목표를 두었다. 당시 다른 전문가들은 주로 중산층 가족을 대상으로 삼았기 때문에 빈곤가족에게 적용 가능한 Minuchin의 새로운 개념과 기술은 구조적 가족치료 모델을 만드는 데 직접적인 계기가 되었다. 구조적 가족치료이론이란 인간은 환경의 한 부분이며 사람이 환경에 적응할 뿐 아니라 환경도 사람에게 지배당하므로 개인과 가족의 생활과정은 이들 간의 상호작용에 의해 영향을 받는다는 것을 기본적인 철학으로 하는 이론이다(류종훈 외, 2005).

이 구조적 가족치료이론의 특징은 제시된 문제를 중심으로 한 단기적 접근이고, 현재를 수정하는 것을 치료도구로 삼는 동시에 과거를 탐색하거나 설명하지 않는 제한적 접근이며, 목표 지향적 접근이라는 것이다(류종훈 외, 2005). 또한 다른 외부세계와 상호 작용하는 체계로서 실천적인 관점과 유사하고, 대상자들이 주로 빈곤가정이라는 점이 사회복지실천의 역사적 사명이나 맥락과 일치하는 부분이 있다. 구조적 모델이 남녀 간의 성역할 사회화 과정의 차이에 주의를 기울이지 못했기 때문에(정문자 외, 2010) 가부장적 가족체계를 부추겨 여성을 억압하였다는 비판을 받기도 하였다.

2) 주요 개념

Minuchin의 이론은 인간의 사회성에서 출발하였는데, 사회집단의 성원과 활동하고 반응하며, 경험은 환경과의 상호작용 속에서 결정된다고 하였다. 또한 가족이 개인의 상호작용 유형과 가치관에 미치는 영향을 강조하면서 치료사가 제한된 생태학적 시각을 뛰어넘지 못하고 더 큰 사회적 구조를 보지 못한다면 모두의 노력이 헛수고가 될 것이라고 경고하였다. 사회는 가족을 형성하고 가족은 개인을 형성한다는 내용을 기초로 하고 있기 때문이다. 이 이론을 구성하고 있는 중요한 개념은 가족구조, 하위체계, 경계선이지만, 가족문제를 다루는 데 있어서 가족을 초월하여 지역사회로까지 확장시킨 체계론적 견해를 강조하는 것이다.

(1) 가족에 대한 관점

가족은 재구조화를 필요로 하는 성공적인 단계를 거쳐 발달하며 가족 성원들의 심리사회적 성장과정을 유지하고 더 발전시키는 방법으로 변화된 환경에 적응하는 존재라고 주장하였다.

Minuchin은 정상적인 가족을 가족 내적·외적 압력으로 많은 스트레스를 받을 때 당황하지 않고 사회적이거나 심리적인 긴장을 극복하면서 가족성원 간에 서로 지지하고, 협조하여 새로운 상황에 적응하여 긴장 없는 상태를 유지하는 집단이라고 개념화하였다. 그리고 어떤 문제는 개인의 문제로 다룰 때 더 효과적일 수 있다는 가능성을 고려하였지만, 가족치료는 개인에게 초점을 두는 대신 가족 내의 개인에게 초점을 두었고 가족성원들의 위치, 역할, 기능이 변화하여 각 개인의 행동이 변화한다고 주장하였다.

(2) 가족구조(family structure)

가족구조는 가족이 상호작용하는 방식과 관련된 개념으로 가족들이 상호작용 방식을 조직화하는 것으로서 보이지 않는 기능적 요구를 말한다(Minuchin, 1988). 이러한 가족구조는 일련의 숨은 규칙을 가지고 있어서 가족들 간에 상호작용을 규제하기도 한다. 예를 들어 경제적인 문제로 부부가 갈등을 겪고 있을 때 자녀들이 저금통을 깬다든가 과외를 그만하겠다든가 하는 제안을 함으로써 그 갈등에 개입을 하게 되는 것이다. 따라서 가족들의 상호작용 중 어느 한 부분을 변화시키면 가족의 구조에 영향을 미칠 수도 있겠지만 기본적인 구조를 바꾼다면 가족의 상호교류에 더 큰 파급효과가 있을 것이라고 주장하였다.

Minuchin은 이러한 가족구조 내에서 상호작용이 원활하지 않을 때, 즉 가족구조 내에 질병이 존재하면 가족문제로 인식하였는데, 발생할 수 있는 문제를 다음과 같이 제시하고 있다.

첫째, 한 가족성원이 가족 외부의 세력과 접촉하는 데서 야기되는 문제이다. 가장의 장기간의 실직, 자녀의 입시낙방, 가족성원 중 한 사람의 불의의 사고, 가장의 장기간 수감생활이나 망명, 가족성원이 외부의 사회생활에 대한 부적응 등이 그 예이다.

둘째, 가족 전체가 가족 외부의 세력과 상호작용하는 상황에서의 문제이다. 즉 경제적 불황, 사업의 실패, 빈곤, 전쟁으로 인한 가족의 실종, 인종차별 등이 원인이 된다.

셋째, 가족의 발달단계상에서 오는 문제이다. 결혼 전 단계, 결혼 적응단계, 자녀의 아동기와 청소년기, 자녀의 군입대나 휴학, 자녀의 결혼으로 인한 독립, 자신의 노년기 등으로 인해 가족성원의 변화를 겪게 된다.

넷째는 한 가족성원이 갖고 있는 특정한 문제로 야기되는 문제이다. 정신지체, 신체장애, 성격장애, 일탈행동 등 병리적인 문제의 경우인데 문제가 심각하거나 장기간 계속될 경우 가족성원의 기능과 역할을 다른 구성원에게 위임해야 할 상황이 발생하게 된다.

이상과 같이 구조적인 가족문제의 중요한 특징은 한 가족 구성원에게서 나타나는 증상이 단지 그 사람과 다른 가족들과의 관계를 반영하기도 하지만 그러한 문제가 가족 내의 다른 관계에서도 마찬가지로 존재한다는 사실을 보여 준다는 사실이다. 즉 증상은 가족체계를 유지시키는 기재인 것이다.

(3) 하위체계(subsystem)

하위체계는 가족구조의 구성요소이며 전체 가족체계의 기능을 위해 다양한 가족관계를 수행한다. 모든 가족 성원은 하나의 하위체계를 이루고 둘 또는 그 이상의 집단이 세대, 성별, 공통 관심사에 의해 부부 하위체계, 부모 하위체계, 형제 하위체계를 구성한다(김정택, 2004).

① 부부 하위체계 또는 배우자 하위체계

부부 하위체계의 과업을 수행하기 위해서는 협상과 조정이 필요하다(정문자 외, 2010). 어떤 상호보완적 역할은 일시적으로 해당 과업을 마치면 바뀔 수도 있고 전통적인 성역할에 충실한 부부라면 상호보완적 역할은 안정적으로 지속될 수 있다. 부부 하위체계는 그들의 부모나 자녀, 외부로부터 분리되는 경계선을 가지고 있어야 한다. 따라서 치료사는 부부 하위체계의 경계선을 보호해 주어야 한다.

② 부모 하위체계

부부에게 부모로서의 기능과 역할이 생기면서 형성되는 부모 하위체계는 상호 정서적인 지지를 잃지 않으면서 자녀를 사회화시키는 과업을 수행하도록 분화되어야 한다. 따라서 세대 간의 협상과 조정을 돕고, 융통성 있고 합리적인 권위를 지니며, 자녀의 발달상 욕구에 대한 이해와 그들에게 부과되는 규칙을 설명하는 기능을 수행하게 되는 것이다.

이 과정에서 권위와 힘이 없이는 부모로서의 통제기능을 담당할 수 없고, 자녀양육 또한 상호 적응해 나가기 어려운 과정이 될 수 있으므로 부모와 자녀 하위체계 간의 상호작용 유형은 환경의 변화에 따라 수정되어야 함을 강조하였다. 치료사의 역할은 자녀가 부부관계를 방해하지 않도록 하기 위해 부부만의 영역을 확보할 수 있도록 하며, 친정이나 시부모와 협상하고 바람직하게 적응할 수 있는 관계를 맺도록 경계선을 확립하는 것이다.

③ 형제 하위체계

자녀들이 또래집단과의 관계를 경험할 수 있는 최초의 사회화의 장이 형제 하위체계이다. 이 관계에서는 상호작용을 통한 협상, 협동, 희생과 고립, 경쟁하는 방법, 자신을 보호하는 전략 등을 학습하게 되는 것이다. 초기에 형제 하위체계에서 습득한 위치와 기능은 이후에 이어지는 삶의 과정에서 중요한 것이 된다. 즉 아동은 가족 외부의 동료 집단과 접촉할 때 형제자매 세계에서처럼 행동하려고 노력할 것이다(정문자 외 2010).

(4) 경계(boundary)

가족원들 간에 허용되는 접촉의 양과 종류를 규정하여 개인과 하위체계의 윤곽을 그어 주는 보이지 않는 장벽을 의미한다. Minuchin은 경계의 개념으로 하위체계 사이의 상호관계 속성을 설명하였는데 유리된 경계 또는 경직된 경계, 밀착된 경계 또는 산만한 경계, 분명한 경계 또는 명확한 경계로 구분하여 발전시켰다(류종훈 외, 2005). 이때 치료사는 애매한 경계선을 명확하게 하고 부적절하게 경직된 경계성을 개방하는 경계선 확립자로서의 기능을 담당하게 된다. 가족의 구조적 문제를 나타내는 경계선의 내용은 다음과 같다.

* 경직된 경계선─지나치게 엄격하고 외부와는 단절되므로 너무 분리되어 있으며, 다른 가족 구성원들에게 영향력을 끼칠 수가 없고 친밀감을 감소시킨다.
* 산만한 경계선─높은 수준의 상호지지를 보이지만 개개인의 독립심과 자율성이

손상을 입는다. 부모들과 밀착되어 있는 자녀의 경우 혼자 있는 것을 불편해하고 타인과 관계형성이 어렵다.

  * 명확한 경계선-독립심과 자율성을 보장하면서 상호지지적인 관계를 유지한다.

(5) 연합(alignment)

이 개념은 다른 사람이 활동하는데 있어 체계내의 한 가족성원이 협력관계를 가지거나 상반관계를 갖는 것이다(김정택, 2004). 즉 성원들이 상호 간에 형성하는 정서적이거나 심리적인 연결에 관한 것인데, 유형 중에 안정적 연합은 한 가족성원이 다른 가족성원들과 합류함으로써 밀착된 관계를 형성하는 행동양식이 나타나는 것을 말한다. 삼각관계는 서로 갈등하고 있는 사람이 같은 제 삼자를 통해 상대방을 제압하려고 하는 연합관계인데, 예를 들면 부모가 상대방과 대항하기 위해 자녀에게 자기와 연합할 것을 요구하는 것을 말한다. 우회적 연합이란 서로 간의 어려움이나 갈등이 생길 경우 제3의 가족 성원에게 전가하고 자신은 회피하는 것을 나타낸다.

3) 가족의 정상적인 발달

명확하고 안정된 경계선을 취하고 있으며, 부모 하위체계의 강력한 위계구조를 지니고 있다. 특징은 자율성과 상호의존, 개인성장과 체계 유지, 변화하는 내적 발전과 환경적 요구에 반응하기 위해 연속적이고 적절한 재구조화 측면에서 체계 내의 융통성을 발휘할 수 있다는 것이다.

4) 가족의 역기능적인 발달

가족의 경계가 모호하거나 경직되어 있고 가족구조에 융통성이 없어서 상황변화에 적절하게 반응하지 못한다. 또한 결탁이 이루어져 있고 부모 하위체계가 강한 권력구조를 갖지 못할 때 역기능이 발생한다. 즉 발전적이고 환경적인 요구에 부적절한 반응을 보이며, 예를 들어 자녀문제로 부모가 자주 의견대립을 보이는 경우, 부모와 자녀 사이에 경계선이 없어지게 되어 어른의 권위를 존경하지 못하고 훈련되지 않아서 학교생활에 부적응을 경험하게 된다. 따라서 역기능 가족을 요약하면 경제선이 분명하지 않고 경직되거나 지나치게 밀착된 가족, 각 하위체계가 기능을 다하지 못하는 가족 그리고 가족의 위계구조가 적절히 확립되지 못한 가족이라고 할 수 있다(정문자 외, 2010).

5) 치료과정

(1) 목표

구조적 가족치료에서는 가족의 구조적이고 기능적인 위계질서를 회복하고 부모의 권위를 회복시키는 것이 근본 목표이다. 또한 가족 구성원 간의 지지적이고 통제적인 기능을 강화하기 위해 하위체계들 간의 교류를 촉진시키면서 경직된 경계선을 완화하는 것을 포함한다. 구체적인 목표는 다음과 같다.

* 증상의 변화와 가족기능의 강화는 상호 관련된 치료목표이다-증상을 변화시키는 가장 효과적인 방법은 그 증상을 지속시키는 가족유형을 바꾸는 것이다. 궁극적으로 가족체계의 변화가 없이는 임시적인 증상제거가 오래 지속되지 않는다.
* 가족체계의 성장을 촉진시킨다-가족 구성원 간의 상호지지를 유지시키면서 증상을 해결하고 개인의 성장을 격려할 수 있도록 가족의 체계를 촉진시킨다.
* 부모가 응집력 있는 하위체계 역할을 하도록 한다-서로 속박한 가족에게는 경계선을 강화함으로써 개인이나 하위체계들이 분화하도록 하는 것이고, 유리된 가족에게는 경계선을 유연하게 만들어서 상호작용을 촉진시킨다.

(2) 치료과정

진단을 위한 도식과 계획이 없다면 치료사는 방어적이고 수동적이 되기 쉬우므로 가족진단은 가족 모두에게 도움이 되는 방식으로 가족을 변화시킨다는 목표하에 계획을 세워야 한다. 또한 치료자가 가족에 합류하는 동시에 가족과 함께 경험하고 관찰하면서 발전시키고, 상호관계에 초점을 두는 평가형태의 진단은 정신의학적 진단과는 구별되어야 한다. 즉 문제에 대한 구조적 진단은 개인차원을 넘어서 가족체계로 확대되며, 과거의 분리된 사건으로부터 현재 진행되고 있는 상호교류 작용까지 이동된다.

진단할 때 치료사가 집중해야할 부분은 다음과 같다(정은, 2006).

* 가족의 구조, 가족이 선호하는 상호교류 유형, 대안적인 유형
* 각 구성원 개인에 대한 가족체계의 감수성과 가족의 분리 상태 평가

* 가족의 발달단계에 적절한 과업수행 여부
* 변화하는 상황에 대한 반응으로 체계의 동맹(alliance), 연합(coalition), 가족체계
  의 융통성이나 재구조화 능력의 평가
* 가족환경에서 생활지지체계나 스트레스의 원인분석
* 상호교류 유형을 유도하기 위해 이용한 내담자의 증상들

Minuchin이 제안한 구조적 가족치료의 방법은 다음과 같다.

① 합류(joining)-가족과 치료사가 신뢰 속에서 협력하면서 치료를 계속하기 위한
  중요한 요소이며 가족 구성원이나 가족체계와의 관계를 직접적으로 맺고자 하
  는 행동을 강조할 때 사용된다. 친밀감(rapport)과 유사한 개념인데 친밀감이 치
  료적 관계의 상태를 의미한다면 합류는 치료사의 행동을 나타내는 용어이다. 합
  류에서는 치료사의 자연스러우면서 배려 깊은 공감적 이해가 중요하다. 이 기법
  을 촉진하기 위한 기법으로는 따라가기, 유지하기, 모방하기가 있다.

* 따라가기-치료사가 가족이 기존에 가진 체계에 순응하는 것이다. 즉 가족의 의
  사소통과 행동의 내용을 따르고 계속되도록 격려하고 가족의 흐름에 합류하게
  된다. 따라서 내용을 명확하게 하기 위한 질문을 하거나 가족이 말한 것을 확대
  시켜 문제의 핵심을 유도해 낸다. 또한 말한 것을 반복하고 흥미를 갖고 열심히
  경청해 주는 방법이다.

* 유지하기-치료사가 자신의 행동을 가족에게 맞추어 그들의 법칙을 존중하고 따
  르려고 시도하는 방법이다. 즉 가족이 갖고 있는 기존의 구조를 유지하고 존중해
  주는 것이다. 가족성원의 장점과 잠재능력을 확인하여 지지하고 필요한 경우 가

족 내에서 가족성원의 위치를 강화한다. 이 기법은 특히 치료 초기에 치료관계를 성립하는 데 유용한 기법의 하나이다.

* 모방하기-치료사가 가족의 행동유형, 속도, 감정을 모방하는 방법이다. 모방하는 대상은 언어사용, 감정의 표현, 비유적인 표현 등 여러 가지가 될 수 있다. 이것을 통해 치료사에게 친밀감을 갖게 된다.

② 경계선 만들기-경직된 경계선을 완화하거나 밀착된 경계선을 명확하게 하는 등의 방법을 말하는데, 변화를 요구하는 사람은 먼저 자신이 하고 있는 행동방식을 바꾸는 법을 배워야 한다는 의미를 내포하고 있다. 즉 부모가 자녀와 진지한 대화를 하고 싶다면 잔소리보다는 그들을 존중하는 유연한 자세를 보여야 하는 것이다.

상호작용을 거의 하지 않는 경직된 경계선을 완화하기 위해서는 서로가 어려움을 붙들고 해결할 수 있는 환경을 조성하여 가족의 상호 지지적인 기능을 증가시키며, 지나치게 밀착된 가족이라면 치료사가 개입을 하여 하위체계 간의 경계선을 강화하고 각 개개인의 독립성을 키워 주도록 한다.

③ 가족 내의 과제 설정하기-치료사가 가족에게 어떤 특정의 상호작용에 관여하는 과제를 주는 것이다. 지시된 과제는 언제, 어디서, 누구와, 어떻게 상호작용해야 하는지 명확하게 설명해야 한다(김유숙, 1999). 예를 들어 "3분 동안 의자를 상대방에게 돌려 앉으세요. 매일 밤 7시부터 7시 30분까지 ~를 행하세요" 같은 형식의 구체적인 지시가 일반적이다. 이러한 과제의 목적은 정보를 수집하고 새로운

해결책의 가능성을 제시하며, 치료과제를 확장시키는 것이어야 한다.

치료사에게는 가족 관계 속의 새로운 관계를 형성할 수 있는 기회가 되도록 한다.

(3) 치료사의 역할

Minuchin의 구조적 가족치료에서는 가족의 구조를 이해해야 하며 그러기 위해서는 가족 성원간의 인간관계의 규칙을 이해하지 않으면 안 된다(김유숙, 1999). 따라서 치료사는 가족이 재구조화 되어가는 과정에 적극적으로 개입하는 것이 중요하다.

① 참여자-치료사 자신을 내담자의 가족에 개입시켜 가족체계의 공고한 평형관계를 변화시킬 수 있는데, 어느 개인이나 가족 내의 하위체계를 지지하거나 직접적으로 참여하여 위계 상황을 변화시키고 새로운 대안을 제시해 주기도 해야 한다. 즉 가족 모두가 치료에 참여하고 변화되어야만 구성원의 문제가 향상될 수 있다는 점을 분명히 인식하고 받아들이도록 도와야 한다.

② 지시자-가족 성원에게 역기능적인 스트레스가 과중하면 병리적인 행동을 지속시킴으로써 평형을 유지하려는 경향이 있다. 따라서 치료사의 역할은 가족을 재조직화하고 동시에 가족 성원들에게 새로운 상호작용 방법을 제시해 주는 것이다. 그러기 위해서 치료사는 가족 성원들 간의 거리를 측정하고 과도하게 밀착 또는 분리되어 있는지 파악하여 강력하고 지시적인 역할을 수행해야 한다.

③ 코치-치료사는 내담자 가족의 현재 문제를 정확하게 인지해야 하며 문제에 대해 중재안을 계획할 필요가 있다. 이러한 중재안은 가족구조를 고려하여 작성하며, 가족 내의 위계가 중시되어 부모는 권력을 가질 수 있도록 하고 그러한 방향

으로 추진할 수 있도록 치료사가 도움을 주는 역할을 한다. 따라서 치료 중에 좌석을 재배치하거나 가족원을 이동시키고 일방경을 통해 다른 가족원을 관찰할 수 있게 하며, 공동의 활동에 참여하기도 하는 관계를 맺도록 지시할 수도 있다.

④ 교사—가족의 재구조화 과정에서 필요하다면 여러 가지 정보를 전달해 주는 역할을 수행한다. 정상적으로 기능하는 가족모델을 제시하거나 모순점을 지적해 주어 경직된 사고를 수정하고 그 가족성원들이 보다 나은 대안을 찾을 수 있도록 힌트와 자극을 주는 것이다.

3. Virginia Satir의 경험적 가족치료 모델

1) 철학적 배경

인본주의심리학의 영향으로 생겨난 경험적 가족치료 분야의 주요 학자는 Carl Whitaker와 Virginia Satir이며, 이들은 공유된 경험의 매개이면서 개인적이고 가족적인 충족의 방법이 감정표현이라고 보았다. 가족이 보이는 역기능의 양상이 다양한 만큼 그들이 가족에게 주려는 경험 또한 다양하게 다루었다. 자존감은 다른 사람들이 자신을 보는 것과는 별개의 것으로 자신에게 갖는 애착, 사랑, 신뢰, 존중과 같은 것이다(정은, 2006). 그러나 방법상으로는 둘 간의 차이가 있다. Whitaker는 자신의 치료방법을 상징적 경험주의라고 정의하면서 개인적 만남을 강조하였고, 치료사는 자신을 활용하여 가족과 인간 대 인간의 관계를 맺을 수 있도록 도와야 한다고 보았다(김유숙, 1999). 그와는 다르게 Satir는 치료란 성장과정의 체험연습임을 주장하며 가족이 성숙한 인간으로 성장할 수 있도록 도와야 한다는 성장모델을 강조하였다(김정택, 2004).

Satir는 대학에서 교육학을 전공하고 초등학교 교사로 일한 후 정신의료와 사회사업을 전공하여 심리분석연구소에서 많은 임상경험을 하게 된다. 1951년에 가족치료를 시작했고 일리노이주립 정신병원에서 정신과 입원환자를 위한 훈련프로그램을 마련하였다(오선미 역, 2010). 관계망과 지지체계를 형성하는 것을 중요하게 여겨, 1970년에 '아름다운 사람들'이라는 이름으로 The International Human Resources Network(IHLRN)를, 1977년에는 The Avanta Network(나중에 Avanta로 함)를 설립하였으며, 1980년대 동안에 Avanta는 Colorado에 있는 Crested Butte에서 한 달씩 묵으면서 받는 훈련 프로그램을 개발하였다. 1986년 Satir는 노벨 평화상을 수상한 사람들과의 만남을 가지는 세계적인 규모의 집단인 the Council of Elders의 일원으로 위촉되었다. 1988년에는 International Family Therapy Association의 Steering Committee의 위원이 되었고, the National Council for Self-Esteem의 Advisory Board로서 위촉되었다.

그러나 1970년대에 학술대회에서 Minuchin과 Satir가 논쟁을 벌이는데, Minuchin은 가족치료라는 것이 온정과 신념을 넘어서 기술이 요구되는 과학이며, 가족치료의 주요 과업은 깨어진 가족을 고치는 것이라고 주장했다. 반면, Satir는 가족치료가 사랑의 치유력에 대한 신념으로 가족치료를 통한 인간구원이라고 이야기하면서 사망할 때까지 세계를 여행하며 복음적인 접근에 대해 연설했다.

2) 주요 개념

(1) 자존감

자존감은 다른 사람들이 자신을 보는 것과는 별개의 것으로 자신에게 갖는 애착, 사랑, 신뢰, 존중과 같은 것이다(정은, 2006). 즉 한 개인이 자신에 대해 갖는 일종의 평가개념으로 자기의 사고, 가치관, 행동에 많은 영향을 미친다. 인간의 내면에는 사랑받고 인정받고자 하는 욕구가 있고, 아동의 경우 이러한 욕구를 충족시켜 줄 수 있는 사람은 부모이며, 점차 가족과 친구, 주변의 사람으로 확대되어 가는데 이 관계는 사랑과 신뢰를 기초로 한다. 자존감의 형성은 가족구조와 부모자녀 관계가 중요하게 부각되는 인간의 유년시절 관계형성 과정에서 특히 중요하다. 따라서 Satir는 높은 수준의 자존감을 재형성하는 것을 가족치료의 목표로 한다. 우리는 모든 상황에 반응

〈표 1〉 자존감의 정도에 따른 비교

한국 버지니아 사티어 연구회(2000). Satir model.

낮은 자존감	높은 자존감
대처자세 -나는 무엇이든 할 수 있다. -나는 현실을 부정한다. -당신으로 하여금 죄책감을 갖게 한다.	대처자세 -나는 적합한 것을 한다. -우리의 차이점을 존중한다. -나는 상황을 받아들인다.
가족의 의무감과 규칙에 따라 행동한다.	선택과 책임에 대해 분명히 알고 있다.
반동적(reactive)	반응적(responsive)
과거지향적-현재 상태 유지를 원한다.	현재지향형-변화를 지향한다
태도-경직되고 심판적이다.	태도-적절하고 자신감 있고 능력을 갖고 있다.

하고 대처하고, 존재하는 방법에 대한 선택권을 갖고 있다. 선택하는 방법은 자존감의 수준과 밀접한 관계를 가지고 있다. 낮은 자존감을 갖고 있는 사람은 자신의 반응을 결정짓는 원인이 외부에 있다고 생각하는 경향이 있다.

(2) 대처방식

인간은 스트레스 상황이 되면 심리적인 자아가 위협을 당할 것을 두려워하여 여러 가지 역기능적인 방법을 고안해 내는데, Satir는 이를 대처방식 또는 생존방식이라고 칭했다. 대처방식의 3요소로 자신, 타인, 상황을 들면서 이 세 가지 모두가 균형을 이루는 것이 일치적인 대처방식이라고 하였다. 그가 말한 대처방식의 유형은 다음과 같다.

① 화유형(placating)

자신의 내적 감정이나 생각을 무시하고 타인의 비위에 맞추려는 성향으로서 타인들로부터 붙임성 있고 적절한 행동을 하는 것처럼 보인다(정은, 2006). 또한 다른 사람의 의견에 무조건 동조하고 비굴한 자세를 취하며, 사죄와 변명을 하는 등 지나치게 착한 행동을 보인다(정문 외, 2010). 그러나 내면에서는 자신의 진정한 감정을 존중하지 못하므로 억눌리거나 상처받은 분노가 있으며, 옆에 누가 없다면 죽은 목숨과 같다고 느낄 것이다. 정작 자신은 무엇인가를 요구하는 것은 엄두도 못 내면서 자신을 힘이 없고 가치 없는 존재로 여기어 변명하고 아부하여 다른 사람과 상호작용하는 상황을 중요하게 여긴다. 반면에 타인이 조금이라도 불편해 보이면 시간, 돈, 생명까지도 내어주며 상대방의 고통을 덜어주기 위해 노력한다(정은, 2006). 이들에게 필요한 것은 자기 자신을 돌보고 표현하는 것이다.

② 비난형(blaming)

타인을 무시하는 성향으로 공격적인 행동을 보이고 타인을 괴롭히거나 비난하고 환경을 탓하긴 하나, 내면적으로는 자신이 소외되어 있고 외로운 실패자라고 여긴다(정문자 외, 2010). 비난할 때 자기주장이 강하고 독선적이고, 명령적이며, 지시적인 특성을 보인다(정은, 2006). 결과의 잘못을 타인에게 돌리므로 참을성이 없으며 타인에게는 자신을 힘이 있고 강한 사람처럼 보이려고 하지만 이것은 환상에 지나지 않고 내적인 힘을 지닌 사람이 비난형의 사람에게 도전하면 쉽게 흔들리고 무너지고 만다. 날카롭게 비난하는 것도 사실은 도움을 간청하는 표현인 것이다. 이들에게 필요한 것은 타인에 대한 배려이다.

③ 산만형(irrelevant)

익살스럽고 재미있는 모습과 다소 혼동스러운 유형이다. 항상 쉬지 않고 움직이는 태도를 통해 사람들의 관심을 분산시키고자 하며, 생각을 자주 바꾸고 한꺼번에 많은 행동들을 하려고 한다(정은, 2006). 또한 심리적으로는 혼란스러움, 부적절함, 낮은 충동통제, 우울증 등을 보인다(정문자 외,2010). 즉 자신, 타인, 상황을 무시하고 마치 위협이 존재하지 않는 것처럼 행동하여 주위를 혼란시킨다. 일반적으로 산만형의 사람들이 나타나면 지루하고 침체된 분위기를 바꾸어 주기 때문에 자연스럽고 쾌활하다고 여기기도 한다. 그러나 내면적으로는 현재 있는 곳이 자신에게 적절하지 않다고 생각하며, 아무도 자신을 받아들여 주지 않는다고 여기고 커다란 고독감과 무가치함을 느끼게 된다. 신체적으로는 계속 눈을 깜빡거리거나 노래를 흥얼거리거나 다른 사람의 머리카락을 건드리거나 하면서 안절부절못한다. 말하거나 생각하는 것이 타인들의 것과 일치하지 않고 상황에 맞지 않는 말을 하며 비합리적이고 주제에 초점을 맞추지 못한다. 이들에게 필요한 것은 그 상황에서 버티고 남아 있고자 하는 노력이다.

④ 초이성형(computing, super-reasonable)

이 유형은 자신과 타인을 무시하고 상황만을 중시하며 규칙과 옳은 것만을 절대시하는 극단적인 객관성을 보인다. 지나치게 이성적이고 정보와 논리의 수준에서 기능하고자 하면서 주로 부정적인 측면을 언급하고, 어떤 감정의 표현도 없으며, 정확하고 실수하지 않으려는 경직된 자세를 취한다. 마치 현명한 것처럼 항상 장황하게 이야기하는 경향이 있으며, 그렇게 함으로써 자신이 옳다는 것을 드러내고자 하므로 조용하고 냉정하며 침착한 지성인으로 오인하기 쉽다(정은, 2006). 그러나 그 내면에서는 쉽게 상처받고 외로움과 고통을 당한다. 이들에게 필요한 요소는 자신과 타인의 감정을 자각하고 수용하려는 노력이다.

⑤ 일치형(congruence)

Satir model 중에서 중요한 개념 중의 하나인데 존재의 한 상태이기도 하고 우리 자신을 포함하여 타인과 의사소통하는 방식이기도 하다. Rogers(1957)는 인간중심치료에서 진실성의 의미로 가장 먼저 일치성을 언급했고, 이후에 내담자에게 무조건적인 긍정적 수용과 공감을 가능하게 하는 치료사의 선행조건으로 일치성의 역할을 제안하기도 하였다(Watson, 1984).

높은 자존심과 일치성은 충분히 기능하는 인간을 나타내는 지표라고 할 수 있다 (정은, 2006). 일치적인 대처방식을 위해서 자신, 타인, 상황을 자각하며, 타인과 대화할 때 충분한 관심을 가지고 신체적 메시지를 지각하면서 자신의 방어와 가족규칙을 인식해야 한다. 일치형 대처방식을 사용하는 사람은 자신의 독특성을 인정하고 개성이 뚜렷하고, 자신과 타인 모두를 신뢰하며, 모험을 하고 자신의 상처를 감수할 수 있으며, 변화에 유연하게 대처하고 개방적이다.

(3) 빙산에 대한 이해

사람이 겉으로 나타내는 부분은 마치 빙산의 적은 일부가 드러나는 것과 같으며, 빙산의 보이지 않는 부분이 훨씬 큰 것처럼 사람에게도 보이지 않는 내면이 그 사람의 더 큰 부분이라고 Satir는 설명하고 있다. 그러므로 나 자신이나 타인을 이해하기 위해서는 겉으로 보이는 것뿐 아니라 보이지 않는 내면을 이해해야 한다는 것이다.

빙산은 대인 간, 심리내적, 영성 차원으로 구분되고 각 차원은 작은 층으로 나뉘는데 그 층들은 행동, 대처방식, 감정, 지각, 기대, 열망, 자신이며, 끊임없이 상호작용하는 역동적인 것으로 이해해야 한다.

행동(behavior)은 언어와 비언어적인 태도로 표현되며 이는 심리내면의 세계가 외적 반응으로 나타난 것으로 자존감 수준을 드러내는 것이다. 표현되는 행동과 삶의 이야기가 들어 있다.

대처방식(coping)은 일상적인 상황에서는 잘 나타나지 않다가 스트레스 상황에서 자동적으로 드러난다. 자신의 손상된 자존감을 방어하기 위해 특정한 방식으로 반응하는데 이것은 가족으로부터 받은 생존방식이라고 할 수 있다.

감정(feeling)은 기쁨, 흥분, 매혹, 분노, 상처, 두려움, 슬픔 등으로 나타나는데, 자신의 감정을 자각하고 인정하며 적절히 표현한다. 또한 현재 상태에서 그 감정을 어떻게 다룰지를 선택함으로써 자신의 감정에 책임을 져야 한다.

지각(perception)은 상황에 의미를 부여함으로써 감정을 불러일으키는 틀을 말하는데 이 틀 내에는 신념, 사고방식, 전제, 가치관 등이 포함된다. 지각층은 자신만의 경험에 의해 형성되므로 상황을 실제와는 다르게 해석할 가능성이 높다고 본다.

기대(expectation)는 나 자신에 대한 기대, 타인으로부터 받는 기대, 내가 타인에게 갖는 기대를 말한다. 이 중에서 자신이 원하는 기대를 이루지 못했을 때 인간은 크고 작은 상처를 입게 되며, 충족하지 못한 기대는 어린 시절의 기대일수록 무의식 속에 남아 있다가 현재의 삶에 영향을 미치게 된다.

열망(yearning)의 성취 여부는 개인의 성장과 성숙에 중요한 영향을 주는데 모든 인간이 갖는 사랑을 주고받음, 수용과 인정, 존중, 삶의 목적과 의미, 자유로서 보편적으로 갖고 태어나는 간절한 소망을 의미한다. 열망은 기대보다 더 깊은 차원의 바람이며, 인간이 갖고 있는 다양한 기대는 이 열망에 뿌리를 둔 것이다.

자신(self)은 자신의 가치에 대해 스스로 내리는 판단, 태도, 신념, 느낌 등을 의미한다. 자신에 대해 정서적, 인지적으로 평가하는 것이라고도 말할 수 있다.

(4) 가족규칙

Jackson의 개념을 근거로 한 가족체계 내의 규칙에 초점을 둔 내용이며, 가족규칙이란 가족 구성원 간의 상호작용 방식에서 지나치게 강조되어 부정적인 기능을 하는 것을 말한다. 예컨대 부모는 자녀에 대한 기대를 규칙이라는 말을 사용하여 암시적인 방법으로 요구하며, 자녀는 부모나 주변의 중요한 사람들의 기대에 맞게 반응하는 방법을 익힌다. 대부분의 사람은 자신에 대한 비인간적인 규칙에 복종하여 비인간적인 삶을 살고 있으며, 이러한 규칙은 자아존중감에 부정적인 영향을 미친다(정문자, 2003).

가족규칙의 속성은 정당한 것만을 표현하게 하고 질문이나 감정 표현의 방법을 지시하며, 분노는 싸움의 원인이 되므로 나쁘다고 인식한다. 또한 가족생활에 있어 중요한 것은 성원들끼리의 애정이라고 강조하면서 금기사항을 분명하게 명시하고 있다.

3) 가족의 정상적인 발달

정상적인 기능을 하는 가족의 경계선은 균형을 이루고 있어서 그것을 통해 가족과 사회 사이에 교환이 필요한 에너지나 정보가 자유롭게 투입되고, 가족이 쓸 수 있는 에너지로 변화할 수 있기 때문에 이는 다시 사회에 피드백되어 사회에서 유용한 자원으로 쓰일 수 있다.

정상적인 기능을 하는 가족의 특징은 자존감이 높다. 즉 가족구성원 각자가 서로를 존중해 주려는 노력을 보이며 구속하거나 통제하려 하지 않는다. 또한 이들은 서로의 의견을 귀담아 듣고 사려 깊게 존중하며, 모두 가치 있고 사랑받고 있다고 느끼게 한다(김유숙, 1999). 의사소통 방식은 직접적, 분명함, 구체적, 명확함, 수평적인 특징을 보이며, 가족 간의 규칙은 명백하고, 시대에 맞고, 인간적인 규칙을 적용한다. 이때 규칙은 필요가 발생하면 바뀔 수도 있다. 이러한 과정을 진행한 결과 현실에 직결되어 있고, 적절하며, 건설적이다. 따라서 자기가치는 더욱 확실해지며, 믿음직스럽고 자신으로부터 점점 더 많은 것을 도출해 내며, 정상적인 체계 속에서 자란 인간은 성숙하고 책임감이 있으며 수평적인 반응을 보이는 기능적인 인간으로 성장할 수 있고 자신의 잠재력을 키워 나갈 수 있을 것이다.

4) 가족의 역기능적인 발달

역기능적인 가족에서는 사회와의 경계가 경직되어 있거나 몰경계를 나타내어 사회로부터 고립상태 내지는 적대감을 갖기 쉽다. 그러한 가족은 흔히 가족의 실패를 사회의 탓으로 돌리고 비난하며 반사회적 행동을 나타낼 수 있다. 즉 환경적인 요인에 의해 개인의 충동이 부정되고 감정을 억제하는 과정에서 역기능이 생기게 되어 성장이 지연되는 것이다(김유숙, 1999).

정상적인 기능을 가족과는 달리 구성원 각자의 자존감이 낮은 특징을 보인다. 즉 서로를 있는 그대로 수용하지 않고 지배하거나 통제하려는 사람으로 인해 가족 전체가 긴장과 갈등을 경험하게 된다. 이때 사용되는 의사소통 방식은 간접적, 불투명, 구체적이지 못하며, 불명확한 특징을 보인다. 주로 비난하기, 회유하기, 혼란시키기 등의 방법을 사용한다. 규칙은 숨겨진, 시대에 뒤떨어진 비인간적 규칙이 고정되어 있으며 기존의 규칙을 따르는 한도 내에서만 규칙의 변화가 가능하다. 그 결과 우연적, 무질서적, 부적절, 파괴적인 경향을 보이며, 자기가치는 날이 갈수록 더욱 의심스러워지고 낮아지며 갈수록 더 많이 외부의 지원에 의존한다. 따라서 역기능적인 가족체계에서 키워진 인간은 대인관계에 두려움을 가지고 자신이 없으며 역기능적이고 성장에 저해를 받게 된다.

역기능적인 가정에 적용되는 가족규칙, 의사소통 양식을 부모자녀 간의 관계를 중심으로 살펴보면 다음과 같다.

역기능적인 가정에서는 한 사람의 힘센 우두머리가 있어서 나머지 모든 가족원들이 운명을 이미 정해 놓은 법대로 통제한다. 부모가 자녀에 대해 기본적으로 우두머리적인 사고방식, 즉 자녀를 부모의 소유처럼 생각하는 경우에 부모가 자녀들에게 적용하는 규칙과 의사소통 양식들은 가족의 운영이 부모의 권력을 중심으로 이루어지는 것을 볼 수 있다. 자녀에 관련된 모든 중요한 의사결정이 부모에 의해서 일반적으로 결정되며, 자녀들은 수동적인 입장에서 그대로 따라야 하고 부모에 반대할 권리가 인정되지 않는다. 이런 경우 자녀들은 외면적으로는 '착한 아이'로 길들여져 부모에게 적응하며 저 나름대로 존재하기는 하지만 내면적인 고통이나 불행감은 깊이 쌓이고 심한 경우 병적 상태에까지 이를 수 있는 것이다.

특히 이런 부모는 그 자신이 부모로서 미성숙한 상태이므로 자녀들을 비교하여 부모의 마음에 들지 않는 특정 자녀는 마치 부모들의 경쟁대상처럼 미움과 학대의 대상이 될 수도 있고 자녀가 결국 문제아가 되는 희생을 치르는 경우가 있어도 부모는 그것이 자신들과 관련이 되어 있음을 인식하지 못한다. 또한 그것을 받아들이고 직시,

대면하기를 두려워하며 자기방어를 계속해 나가게 된다.

위와 같은 역기능적인 가정의 심각성은 앞서 제시한 문제들이 여러 가지가 한꺼번에 복합적으로 일어나며 그 영향은 부모나 자녀 모두에게 심각하다. 이러한 가정은 '문제 가정'이라 할 수 있는데 문제가정은 대외적으로 자신의 문제를 노출하지 않고 그 경계에 명확하고 경직된 경계선을 그음으로써 외부의 접근을 저지하고 외부로부터 오는 변화의 가능성을 수용하지 않는다. 따라서 개인에게 신진대사가 안 이루어지면 몸에 필요한 에너지가 생산되지 않고 몸이 움직이지 않는 것과 마찬가지로 가족 내의 쓸 수 있는 에너지의 양이 줄어들고, 움직이지 않는 역기능적인 체계로서 '불균형' 상태에 이르러 가족으로서의 성장과 발전이 침체될뿐더러 내면적인 문제가 더욱 심화되어 마침내 체계의 '파괴' 내지는 '종말' 형태가 생길 가능성이 나타나는 것이다.

5) 치료과정

(1) 치료목표

① 상위목표

* 좀 더 높은 자존감을 갖도록 한다―많은 긍정적인 경험을 하도록 돕는다.
* 자신의 선택에 대해 책임질 수 있도록 한다―사고와 감정과 기대는 자신의 것이므로 스스로 책임을 지고 그 선택을 통해 기쁨을 맛보도록 하는 것이다.
* 더 일치적인 상태가 되도록 한다―생각, 감정, 기대, 열망, 감정이 긍정적 에너지와 조화를 이룬 상태이다.

② 하위목표

* 의식적으로 의사 결정하고 선택함으로써 행동에 책임을 지도록 한다.

* 본인의 협상과 타협을 통해 의사결정을 하도록 한다.

* 가족들 간에 적절한 의사소통능력과 조화능력을 향상시킨다.

* 어려움에 대처하는 극복기술을 강화하고 발전시킨다.

* 가족이 새로운 희망을 가질 수 있도록 해 준다.

* 가족구성원들의 욕구와 감정을 가족 내에서 나누고 공유하도록 도와주는 것이
  다. 억압과 자기극기보다는 가족의 융화력과 진실한 상호작용을 중시한다.

* 개인의 잠재력을 증진시켜 성숙하도록 하는 데 목표가 있다.

* 증상을 없애는 것보다 가족 성원들의 성숙 정도의 발전과 가족에게 표면화된 증
  상을 제거하기 위해 에너지를 유용하게 사용하도록 변화시킨다.

* 가족의사소통의 분석과 가족체계에서의 변화를 목표로 삼는다(정은, 2006).

(2) 치료단계

① 초기단계-초기 면담단계

* 가족과의 계약, 치료목표, 방법, 치료횟수, 기간 등의 결정

* 상담과정에 중점을 두고 실재 면담자의 말을 그대로 듣도록 한다.

② 가족생활연대표 조사-정보수집과 체계적인 관점으로 가족문제점을 고찰할 수
  있도록 한다.

③ 집단과 개입단계-가족체계의 사실을 반영하는 데 목적이 있으며 직접적으로 개

입한다.

④ 통합과 종결단계-가족과 상담자는 면담과정, 목표, 목적을 향한 진보와 새로운 학습과 변화를 재검토하고 실현되었던 것을 지지해 준다. 종결단계에서 가족은 학습자가 새롭게 성취한 긍정적인 능력을 자신의 것으로 확고하게 정립하는 시기로서 통합이 이루어진다.

(3) 치료사의 역할

Satir의 경험적 가족치료의 궁극적인 목적은 내담자의 자아 존중감을 높이고 자신의 인생에 대한 선택권을 스스로 갖도록 하며, 가족규칙을 합리적, 현실적, 인간적으로 만드는 것이다(김수만, 2008). 따라서 내담자 자신이 안전하고 가치 있다고 느끼게 함으로써 변화가 일어나도록 돕는 것이 중요하다. 구체적인 역할을 살펴보면 다음과 같다.

* 촉진자는 가족이 변화를 위해 자신이 필요한 기술을 평가할 수 있도록 돕는다. 변화란 가족이 조정하는 것을 배우는 과정이고, 오래된 형태에 완고하게 집착하는 대신 새로운 것을 선택하는 방법을 배우는 것이다.

* 교사는 의사소통문제를 가족이 이해할 수 있도록 돕는 역할을 한다.

* 치료 초기에 수집된 정보를 가족 구성원이 함께 공유하는데, 이 과정은 가족이 현재의 과정을 이해하는 데 도움이 될 것이다. 가족이 서로 이해하고 신뢰하는 과정을 배울 때 의사소통을 잘못했던 과거를 수정하게 된다.

* 치료자는 가족이 변화하고 습득한 것을 견고히 하도록 도와준다.

4. Gerald Patterson의 행동주의적 가족치료

1) 철학적 배경

행동주의적 가족치료는 가족이 직면한 문제에 행동치료의 이론과 실제적 기법을 적용한 것이며, 고전적 조건화 보다는 조작적 조건화가 더 많이 적용된다(김유숙, 1999). 일반적으로 행동주의적 가족치료사는 특정 가족성원의 변화가 가족의 상황을 호전시키고 결국은 가족 전체의 변화를 초래할 것이라는 소극적인 기대만을 갖고 있었다. 그러나 많은 개인과 만나는 동안 가족은 더 복잡한 통합체라는 사실을 깨닫고 가족 내의 관계에 집중하기 시작하였다.

실제로 행동주의적 가족치료를 이끌어간 인물에는 Patterson, Liberman, Stuart 인데, 그중에서도 최대의 실천가이면서 연구자는 Patterson이라고 할 수 있다(김유숙, 1999). 그는 부부관계의 문제뿐만 아니라 심각한 행동상의 문제를 가진 아동의 가족도 행동주의적 가족치료로 치료하였으며, 27명의 공격적인 아동에 관한 연구와 치료를 토대로 행동주의적 부모훈련 영역을 개발하는 데 큰 공헌을 하게 되었다 (Patterson, 1976).

무엇보다도 그의 공헌은 부부관계 연구팀을 이끌면서 부부의 상호작용에 사회교환이론을 적용한 많은 연구업적을 남겼다는 것이다.

그는 결혼의 어려움이 낮은 수준의 강화자극과 높은 수준의 혐오자극에 기인한다고 주장하면서 이러한 연구결과를 임상으로 이어 갔다. 부부생활에 불화가 생기는 것은 두 사람이 상대방에게 긍정적인 만족을 주는 것과 같은 보상행동이 충분하지 않았기 때문이라고 생각하여 치료는 이러한 긍정적인 행동을 증가시키도록 설정하게 되었다(Patterson, 1971).

2) 주요 개념

행동주의적 가족치료는 가족의 기능이 어떻게 변화하는가보다는 어떻게 하면 변화하는가에 대한 전략을 중점적으로 다루었다. "행동이란 그 결과에 의해 좌우된다"라는 전제하에 새로운 행동으로 결과를 보상받지 않으면 변화는 저항을 경험하게 될 것이라고 주장하였다. 주요 개념은 다음과 같다.

(1) 정적 강화(positive reinforcement)

자극에 대한 반응은 행동의 속도를 가속화시키든지 감소시키든지 하는 데 영향을 미친다. 행동이 가속화된 결과를 강화, 반대로 행동이 감소된 결과를 처벌로 인식한다. 그중에서 결과에 대해 지지와 보상을 줌으로써 그 행동의 빈도가 높아지는 것을 정적 강화라고 한다.

(2) 부적 강화(negative reinforcement)

싫은 자극을 줌으로써 그 상황에서 벗어나기 위해 바람직한 행동을 하도록 강화받는 것을 말한다. 바람직한 행동을 증가시키기 위한 절차 중의 하나이다.

(3) 행동형성(shaping)

표적 행동에 대한 점진적 접근을 차별적으로 강화하는 것이다. 새로운 행동을 가르칠 때 주로 사용한다.

(4) 모델링(modeling)

모델의 행동을 관찰하고 유사한 상황에서 모델과 비슷하게 행동하는 것을 말한다.

(5) 소멸(extinction)

이전에 강화받았던 행동에 대해 강화를 중단하는 절차를 말하는데 바람직하지 않은 행동을 감소시키고자 할 때 사용하는 방법이다.

3) 가족의 정상적인 발달

Weiss & Isaac(1978)에 따르면 행복한 부부생활에 영향을 주는 중요한 요인으로 부부간의 애정과 대화, 자녀 양육방법을 지적했다. 또한 좋은 관계란 불유쾌한 감정을 최소화하고 긍정적인 강화하에서 옳은 행동을 서로 나누는 것이라고 하였다.

Gottman, Karman & Notarius(1977)는 정상가족 관계의 중요한 특성이 효과적인 의사소통이라고 하면서 분명한 의사소통은 가족성원들의 행동을 지지해 주며 상호이

해능력을 향상시키는 것이라고 주장했다.

Jacobson & Margolin(1979)은 건강한 가족이란 문제에 대처할 능력을 가지고 있
는 가족을 의미하며, 성공적인 결혼의 조건은 갈등해결 능력과 문제해결 기술이라고
말한 바 있다.

4) 가족의 역기능적인 발달

부모와 자녀 사이에 일어나는 문제는 대부분 잔소리나 협박, 철회, 울음과 같은 혐
오에 의한 통제를 사용하는 것이 종종 불행하며 역기능적인 결혼생활을 야기하는 중
요한 요인이라고 언급된다(김유숙, 1999). 이런 유형의 결혼생활에서는 보상적인 교환
은 적고 처벌적인 교환이 더 많으며(Stuart, 19675), 고통스러운 가족상호관계에 있는
가족성원은 문제해결기술이 다소 부족하고, 악순환 관계패턴이 형성되는 것이 특징이
다(Patterson, 1970). 대부분의 행동주의적 가족치료사는 고통스러운 가족 내에서 적
응적인 노력을 위한 재강화가 부족하다고 지적하면서 이처럼 행동주의를 바탕으로 하
는 가족치료에서 가장 중요한 접근은 한 쌍의 상호작용에 접근한 조작적 조건화였다.

5) 치료과정

(1) 치료목표

행동주의적 가족치료의 가장 큰 목표는 바람직하지 않은 부정적 행동을 소거하며

바라는 긍정적인 행동을 늘리는 것이므로 준비된 형태의 보상이나 처벌을 통한 치료를 계획하는 것이다(김유숙, 1999). 그 결과 치료를 통해서 잘못 학습되었다고 판단되는 내담자의 부정적인 행동을 감소시키고 더 효율적이고 바람직한 행동을 새롭게 학습하도록 내담자 가족을 돕게 된다. 치료자는 바람직하지 못한 행동을 제거하고 긍정적인 행동을 증가시키는 것에 초점을 두는데, 어떻게 내담자와 가족의 변화에 도움을 주는지 이해하려면 관심을 행동에서 결과로 옮겨야 한다.

그러나 다른 이론에 비해 행동주의적 가족치료의 목표는 제한적인 경향이 있다. 현재의 증상을 완화시키기 위해 특별한 행동유형을 수정하는 것이다. 즉 한쪽 부모의 행동이 아동의 문제행동을 야기시키는 것으로 간주하여 행동분석의 단위를 양쪽 부모와 아이라는 삼자관계보다는 한쪽 부모와 그 자녀라는 이자관계에 둔 것이다(김유숙, 1999). 따라서 바람직하지 않은 행동을 제거하거나 가족에 의하여 확인된 긍정적인 행동을 증가시킨다는 의미를 내포하고 있다. 긍정적 행동변화의 촉진은 서로에게 도움이 되는 상호작용 속도를 증가시키거나 강요와 부당한 통제의 속도를 감소시키는 효과가 있다.

(2) 치료단계

행동주의적 가족치료의 단계는 먼저 가족의 행동유형을 관찰하고 관찰에 의해 얻은 결과를 토대로 행동분석을 하여 어떤 행동을 변화시킬 것인지 계획을 세운 후 가족의 특성에 맞는 방법에 따라 개입을 하게 된다. 주된 치료영역은 부모자녀 관계나 부부 간의 상호작용 변화에 관한 것이므로 여기서는 이 두 가지의 기법에 대해 소개하고자 한다. 특히 Patterson과 그의 동료(1971)는 사회학습이론에 근거한 부모교육프로그램을 개발하여 바람직한 행동의 지속을 위한 전략을 실행하기도 하였다.

① 부모훈련

부모입장에서는 어떠한 형태로든 교육이 포함되기를 원하므로 교육자의 측면에서 임하게 되는 경향이 있으며 행동주의적 부모훈련의 경우 그와 같은 성향이 더 강하다고 볼 수 있다. 행동주의적 가족치료의 부모훈련은 개인이 아닌 가족의 문제를 해결하기 위해 개입되어야 한다는 것을 전제로 한다. 이러한 사정이 완료되면 어떤 행동을 증가되고 감소되어야 할지를 결정한다(김유숙, 1999). 먼저 치료자는 사정단계에서 문제행동과 문제가 되는 상황을 관찰하고 조사하여 행동의 빈도와 선행하거나 뒤따르는 사건을 정의하여 기록하는 과정을 수행한다. 면담은 주로 어머니와 이루어지고 이를 통해 문제에 대한 정의와 잠재적인 강화물과 같은 기본적인 정보를 획득한다. 점검표와 설문을 하는 과정에서도 간과할 수 있는 정보를 얻게 된다. 부모는 이와 같은 과정을 거치면서 어떤 행동이 증가되고 감소되어야 할지 결정을 한 후 문제 상황에서 부모자녀 간에 상호작용을 강화할 수 있도록 훈련을 받는다. 평가하는 단계에서 결과는 문제행동의 수정을 위한 목표행동을 선택하는 데 근거를 제시한다.

평가가 완료되면 치료사는 증가되어야 할 행동과 감소되어야 할 행동을 결정하여 적용될 여러 가지 전략을 사용한다. 바람직한 행동이 증가하도록 심리적 또는 사회적인 다양한 강화제가 사용되는데, 구체적인 기법은 다음과 같다(김명희, 2005).

* 토큰강화법-긍정적인 행동을 할 때마다 매번 즉각적인 강화하는 불편함을 덜기 위해 토큰강화법을 부모훈련에서는 많이 사용한다. 이 방법은 아동이 사전에 약속한 바람직한 행동을 했을 때 일정한 점수나 토큰을 보상으로 주고, 그 보상이 모여지면 자신이 원하는 것을 획득하도록 하는 방법이다.

　　이 기법의 장점은 대체물을 사용함으로써 경제성이 높고, 1차보상인 토큰이나 스티커 등이 모여질 때까지 일정기간이 경과한 후에 보상을 주기 때문에 만족지연 능력을 기를 수 있으며, 아동의 경우 토큰 자체에도 매력을 느끼므로 이중강화 효과가 있다는 것이다. 반면에 한계는 외적 강화의 반복사용으로 아동의 내적인 동기를 감소시킬 수 있으며, 토큰을 모으기 위해 지나친 경쟁심을 일으킬 수 있다는 점이다.

* Time out-부적절한 행동의 결과로 정적 강화를 받을 기회를 잃어버리는 것을 의미한다. 즉 아동이 바람직하지 못한 행동을 했을 때 정적 강화를 받지 못하도록 고립시키는 방법이며, 2분에서 5분간 진행되며 대상에게 이유를 설명할 필요가 있다.

* Premack-물질적인 보상 없이 선호하는 행동을 계약조건으로 사용하여 발생빈도가 높은 행동을 활용하여 발생빈도가 낮은 행동을 강화하는 방법이다. 즉 어떤 활동을 마치고 난 후에 더 바람직한 다른 활동을 할 수 있는 권리를 준다고 약속을 함으로써 그 활동에 몰두하도록 만든다는 것이다.

* 유관계약-아동과 부모 간에 하는 일종의 계약이다. 아동이 미리 정해진 특정한 반응이나 목표를 달성하겠다고 부모와 약속을 하는 것이다. 아동이 긍정적인 변화를 보이면 그 변화에 이어 부모 또한 확실한 어떤 변화를 조성하겠다는 약속을 하게 된다.

② 부부치료

행동주의적 부부치료는 정교하고 구조화된 사정으로부터 시작되는데, 예컨대 면담 이전에 임상적 상태, 특별한 표적 행동에 대한 사정, 표준적인 부부관계를 사정하는 질문이 포함된 구조화된 사정단계를 거친다(김유숙, 1999). 그 다음 단계에서는 사회학습이론에 입각하여 관계를 분석하기 위해 면담을 실시한다. 이때 부부는 자신들의 목표를 부정적으로 말하는데 그것은 부부간에 교환되는 긍정적인 강화의 비율이 낮아서라고 판단하기 때문에 부정적인 통제비율을 감소시키면서 긍정적인 통제를 증가시키는 전략을 사용한다. 즉 문제가 있는 결혼생활에 개입하는 전략으로는 다음과 같다.

첫째, "우리 부부는 싸움을 덜했으면 좋겠어요"라는 부정적이거나 혐오적인 통제 대신에 "우리 부부는 서로 더 이해를 하면 좋겠어요"라는 긍정적인 통제를 증가시킨다.

둘째, 부부는 각자를 모호하고 비판적인 불평으로 묘사하기보다는 분명하고 명백한 행위 진술로 표현하도록 한다.

셋째, 의사소통기술을 개선하고 증진하도록 도움을 준다.

넷째, 부부는 권력을 공유하고 효과적인 의사결정방법을 구축하도록 격려한다.

다섯째, 치료 현장에서 배운 방법을 미래의 문제를 해결하고 긍정적인 관계를 유지, 확대시키는 수단으로 활용한다(Stuart, 1969).

부부치료에서는 의사소통기술을 중요하게 다루기 때문에 치료사는 자신이 원하는 것을 배우자가 알아차리기를 기대하기보다는 요청하는 방법을 배우도록 부부를 격려할 필요가 있다(김유숙, 1999). 의사소통 기술을 훈련하는 내용을 살펴보면 집단이나 개별부부 형태로 시행되는데, 지시, 모델링, 역할연기, 체계적 연습, 피드백이 포함된다. 또한 부부들은 구체적이고 긍정적인 말로 요구사항을 표현하도록 하며, 과거보다는 현재나 미래에 대해 언급하고, 중간에 말을 차단하기보다는 경청하도록 조언하고 있으며, 비판에 대해 직접적으로 비난하거나 반응하지 않도록 해야 한다고 주장한다. 요약하자면, 부부간의 갈등을 해결하기 위해서는 감정을 즉각적으로 표현하기보다는 행동의 변화를 위해 협상을 통해 합의점에 이르도록 하는 것이 바람직하다고 강조하는 것이다.

부부간의 문제를 해결하는 단계에서는 초점을 행동의 변화에 두는데 고려해야 할 사항은 다음과 같다.

첫째, 한 번에 한 가지 문제만을 논의한다. 복합적으로 연관되어 있을 수 있지만 한 가지만을 다루는 것이 효율적이고 접근하기 용이하다.

둘째, 배우자가 말하는 것이 무엇인지 상대방에게 바꾸어 말하도록 한다. 이것은 배우자의 말을 오해하지 않기 위해서인데, 말한 내용을 듣고 정확하지 않으면 다시 설명하도록 한다.

셋째, 욕설이나 혐오스러운 언급은 피하도록 한다.

넷째, 배우자의 동기, 감정, 태도를 미리 추정하는 것을 피한다. 문제의 해결과정에서 Mind reading에 의해 종종 방해를 받기 때문이다.

(3) 치료사의 역할

부부간의 문제가 발생했을 때 문제를 해결하는 절차는 먼저 문제에 대해 정확하게 정의를 한 후 시작해야 하며, 그 정의에 동의할 경우 해결에 대한 논의를 시작한다. 논의는 한 번에 한 가지의 문제만으로 한정한다. 유의할 사항은 상대방이 한 말에 대해 동기나 의도에 대해 자신이 추론하지 않도록 하며, 언어적 학대, 혐오적 행동 반응을 하지 않도록 치료사가 중재해야 한다.

행동주의적 부부치료사는 부부가 자신들의 잘못을 교정하기 위해 독자적으로 충분한 연습 없이 새로운 방법을 배우게 되기 때문에 지속성에 문제가 생길 수 있으며 지나치게 치료사에게 의존할 위험성이 내재되어 있음을 인식해야 한다(Nichols, 1984).

PART 02

아동발달이론

아동발달이론

아동의 발달과정은 시간이 경과하여 성장하는 동안 양적으로나 질적으로 변화하는 과정이다. 이러한 변화는 신체적, 인지적, 정서적, 사회적인 측면 등 아동의 모든 발달의 측면에서 일어나며 각각은 상호작용적으로 영향을 준다(변용만 외, 2007). 오늘날 대부분의 발달을 연구하는 학자들은 인간의 발달이 일생을 통해서 진행이 되며, 생명의 시작에서부터 죽음까지 계속된다는 견해에 동의한다. 따라서 아동을 이해하기 위해서는 어느 한 부분만을 분석하거나 관찰해서는 불가능하다는 사실을 알 수 있을 것이다.

또한 위와 같은 특성을 지니고 있는 발달은 여러 가지 요인에 의해 영향을 받는데, 그 요인은 유전인자, 성향 등과 같은 생득적인 부분과 가족, 또래, 경제적 조건 등과 같은 환경적인 부분으로 나눌 수 있다. 개인치료중심의 경향성에서 가족을 참여시키는 가족치료로 확대되어 가고 있는 최근의 흐름을 볼 때 가족치료를 논하는 본 자료에서는 아동의 물고기 가족화를 해석하는 동시에 가족구성원 간의 역동성을 분석하고자 하므로 아동의 발달에 대한 이론적인 설명이 필요하다고 하겠다. 대표적으로 아동의 발달을 제시한 Freud, Erikson, Piaget의 이론은 다음과 같다.

1. Freud의 심리성적 발달이론

1) 기본가정

정신분석이론은 개인의 행동과 감정, 생각 등이 우연히 일어난 것이 아니라 무의식적인 성적, 공격적 충동에 의한 것이며 결정론적 관점에 바탕을 두고 있다. 일반적으로 치료사의 궁극적인 목적은 내담자의 현 문제를 이해하기 위해 과거의 경험, 무의식적으로 내재되어 있는 성적, 공격적 충동을 이해하고 내담자가 이해할 수 있도록 도와 현재의 문제를 돕는 데 있다.

인간의 성격은 원초아(id), 자아(ego), 초자아(superego)로 구성된다고 보았으며 서로 밀접하게 관련되어있다고 하였다(김수희 외, 2007).

 * 원초아(id): 무의식에 속하며 원시적이고 본능적인 성격이다. 출생부터 존재하는 정신에너지의 근원으로 무의식의 대부분을 차지한다. 성격의 기초가 되는 부분이고, 성욕이나 공격성 같은 본능적 욕구를 관장하는 곳으로 현실을 고려치 않고 생물적 쾌락과 충동에 따라 행동하려고 한다. 여기서 쾌락의 원리는 원초아가 긴장을 발산하여 편하고 안정된 에너지 수준으로 돌아가려고 하는 작용이다. 예를 들어 배고픔이나 갈증을 느끼게 되는 긴장상태에 빠질 때 음식, 음료수를 상상함으로써 긴장을 해소하는 것이다. 모든 행동은 언제나 비합리적이고 충동적으로

행동하고 다른 사람에 대한 영향은 전혀 고려치 않는다.

* 자아(ego): 원초아에서 분화되며 2~3세에 형성되는 자아는 욕구를 충족시키기 위해 환상이 아닌 현실적이고 합리적으로 해소시킬 수 있는 상황여건을 고려하기 때문에 현실원리에 입각해서 기능한다. 즉 인간의 내적 욕구뿐만 아니라 현실세계도 잘 고려하여 가장 합리적인 방법으로 타협하는 것이 자아의 역할이다. 즉 긴장을 해소해 주는 사물의 기억심상과 외계에 존재하는 현실적 지각을 식별하고 맞춰야 하는 것이다. 자아는 원초아로부터 발달된 것이기 때문에 원초아적인 에너지와 힘을 받아들이고, 결코 원초아로부터 독립적일 수 없다. 또한 자아는 행동을 통제하고 반응할 환경의 특징을 선택하며, 어떤 본능을 어떤 방법으로 만족시킬 것인지 결정하므로 성격의 집행자라고 한다.

* 초자아(superego): 초자아는 인간행동의 도덕적 규제와 판단의 기능을 맡은 곳이다. 성격의 세 구조 중 마지막으로 발달되는 체제로 3~6세 사이에 발달하기 시작한다. 초자아는 출생할 때 선천적으로 가지고 태어나는 것이 아니라 부모나 주위 사람들로부터 물려받은 전통적인 가치관과 사회의 이상이 내면화된 상태이다. 따라서 성격의 도덕적 측면으로서 현실보다는 이상을 나타내며, 쾌락보다는 자기통제와 완전성을 위해 노력하는 부분이다. 초자아의 주요 기능은 자아의 충동을 억제하고 자아의 현실적 목표가 아니라 도덕적인 목표를 갖도록 하는 것이다.

2) 발달단계와 특성

Freud의 중심개념은 의식과 무의식의 관계에서 무의식의 차원을 강조하고 있다. 이 무의식은 성적 본능의 지배하에 발현하는 것으로 보았으며, 이를 토대로 그는 단계적인 심리 성적 성격이론을 발전시켰다. 그는 성격이 5세에 거의 완성되고 그 후의 성장은 초기의 기본적인 구조가 마무리되는 과정이라고 하였다. 성격발달 단계를 설명하면 다음과 같다(변용만 외, 2007).

* 구강기(oral stage 0~1.5세): 이 시기 아동의 리비도는 입, 혀, 입술 등 구강에 집중되어 있고, 엄마의 젖이 최초의 대상이 된다. 먹는 행동을 통해 만족과 쾌감을 얻으며 욕구가 적절하게 충족되면 낙천적이고 외향적이면서 자신감이 있는 성격이 형성되지만, 이 시기에 만족을 못 하면 항문기로 넘어가지 못하고 의존적이고 수동적인 성격으로 고착하게 된다. 따라서 빠는 것에 집착하게 되는데, 예를 들면 손가락 빨기, 과음, 과식, 과도한 흡연, 수다, 손톱 깨물기 등의 현상이 나타날 수 있다.
* 항문기(anal stage 1.5~3세): 이 시기 동안 아동의 성적 관심은 항문 부위에 모아지며 신체 내부에서 외부로 내보내는 행위에 의해 쾌감을 즐기므로 대소변을 통해 긴장을 해소하고 즐거움을 느낀다. 대부분 부모가 이때 훈련이나 통제를 하여 배변훈련을 하게 되는데 조급하거나 억압적으로 시키거나 지나치게 청결을 강요하면 다음 단계로 원만하게 발달하지 못하고 성인이 되어서도 항문기 고착현상이 나타난다. 즉 지나치게 깨끗한 것을 추구하는 결벽증과 무엇이나 아끼고 보유하려는 인색함, 고집, 불만이 나타난다.

  이 단계가 부모에 의해 양육다운 양육을 제대로 시작하는 시기이고, 아동은 자신을 통제하는 것을 학습하기 때문에 성격형성에 매우 중요한 의미를 갖는다. 부

모의 훈련에 적절하게 순응하면 꼼꼼하게 일을 처리하며 타인의 요구에 의해 순종
을 경험하는 시기로서 거부라는 경험을 바람직하게 할 수도 있다.

* 남근기(phallic stage 3~6세): 남아는 구강기부터 어머니를 애정의 대상으로 생각
하여 아버지를 경쟁상대로 상상하게 된다. 남아는 아버지가 자신의 성기를 거세
할 것 같은 불안을 유발시켜 오이디푸스 콤플렉스를 경험하게 되고, 여아는 자신
의 신체와 성기에 대해 지각하면서 성기가 거세된 것이라고 상상하여 남근을 선망
(penis envy)하면서 엘렉트라 콤플렉스를 겪게 된다. 그러나 아동들은 자기 부모
와 동일시하므로 적절한 역할을 습득하여 양심이나 자아 이상을 발달시켜 나간
다. 이 시기는 정신 에너지를 성기에 집중시켜 성기를 가지고 놀며 쾌락을 느끼기
시작하고, 심리적 변화가 크게 일어난다. 만약 콤플렉스를 극복하지 못하면 연상
의 여인을 사랑하든지, 동성애, 무력증, 불감증이 생길 수 있다고 하였다.

* 잠재기 혹은 잠복기(latent stage 6~12세): 거세 콤플렉스에 의해 억압되었던 성적
호기심이나 성적 쾌감의 추구는 일시적으로 잠복되어 무의식화되고 정신적 에너지
의 대부분은 학습과 사회화에 사용된다. 또한 인간관계는 가족중심에서 친구를
포함한 인간관계로 확장되어 간다. 장래에 이성과의 건전한 성적 관계를 만들어
나가는 데 중요한 의미를 가지며, 또래관계는 동성 중심이어서 그러한 친구를 통
해 남자는 남자다움, 여자는 여자다움을 갖게 된다.

* 생식기 혹은 성기기(genital stage 12~18세): 사춘기 이후의 시기가 해당되며, 타인인
이성으로부터 성적 만족을 얻으려고 한다. 이전에 원만한 성격형성을 이룬 청소년
은 건전한 애정관계로 발전한다. 이차성장이 발현되어 생식능력이 있고, 이타적이
고 성숙한 성격을 형성하며, 정서적 독립의 욕구가 생길 수 있고, 부모로부터 독립

하고자 하나 해결이 되지 못하면 자신에게만 몰두하고 사회적·발달적으로 정체를 벗어나지 못한다.

2. Erikson의 심리사회적 발달이론

1) 기본가정

Freud의 정신분석이론에 바탕을 두면서 인간의 성격발달을 사회와의 관계 속에서 연구한 Erikson은 사회적인 에너지를 강조하였다. 즉 부모뿐만이 아니라 가족, 친구, 사회·문화적인 환경의 영향에 관심을 보이면서 발달이 전 생애에 걸쳐 지속되는 과정이라고 보고 출생에서 노년까지 각 단계에서의 발달과업을 제시하였다(김수희 외, 2007).

Maier(1965)는 Erikson 이론이 다음과 같이 세 가지 측면에서 Freud와 뚜렷한 차이를 보이고 있다고 지적하고 있다.

첫째, 인간의 행동 동기를 Freud는 원욕(id)을, Erikson은 자아(ego)를 강조한다. Erikson은 자아를 성격의 자율적 구조로 파악하고 있다. 즉 Erikson의 자아 개념은 인간의 의사결정과 문제해결 과정을 합리적으로 봄으로써 인간의 행동을 비합리적으로 본 Freud의 견해와는 차이를 보인다.

둘째, Freud는 아동의 성격발달에 부모가 미치는 영향에 주로 관심을 가졌던 반면, Erikson은 자아의 심리 역사적 환경을 광범위하게 강조했다.

셋째, Freud는 사춘기(5단계)까지, Erikson의 자아발달은 유아기부터 노년기까지 전 생애를 망라하고 있다는 것이다. Freud는 리비도가 부착되는 성감대의 부위에 따라서 다섯 단계를 나누고 그 단계에서 일어나는 욕구를 충분히 만족시키면 발달의 다음 단계로의 이행이 가능하지만 욕구를 충족시키지 못했을 경우에는 그 단계에 고착된 성격이 형성된다고 한다. 그는 다섯 단계에 걸쳐 성인이 되면 개인의 성격형성은 종결되는 것을 가정하고, 그 이후에는 성격이 변용되기 어려움을 시사하고 있다. 이에 반해, Erikson은 자아의 발달에 따라 전 생애를 8단계로 나누었는데, 성인이란 발달이 완료된 상태가 아니라 발달과정의 한 상태에 해당된다. 각 단계별로 극복해야 할 위기와 성취해야 할 발달과업들이 있는데, 이들이 성취되었을 때와 안 되었을 때를 양극 개념으로 설명하고 있다.

2) 발달단계와 특성

■ 1단계(0~1세): 기본적 신뢰감 대 기본적 불신감

Erikson에 의하면, 자신과 타인에 대한 신뢰의 감각은 인생 처음 1년 동안의 경험에서 파생된다. 이 시기에 처음으로 맺게 되는 사회적 관계에서 유아의 욕구와 필요가 적절히 일관성 있게 충족되면 유아는 돌보는 사람뿐만 아니라 그 외의 타인도 신뢰하게 된다(정옥분, 2007). 기본적 신뢰감의 형성은 세상을 안전한 곳이라고 믿을 수 있는 생각을 하는 태도를 형성한다. 이 시기의 신뢰감 형성은 인생 후기의 모든 사회적 관계의 성공적 적응과 밀접한 관련이 있다고 한다. 한편 아기를 다루는 방식이 부적절하고 부정적으로 제공되면 세상에 대한 공포와 의심을 갖게 되어 불신감을 형성한다.

■ 2단계(1세~3세): 자율성 대 수치심과 회의

신경계의 발달로 배변 조절이 가능해지며 걸을 수 있게 되고 혼자서 먹을 수 있게 되면서 유아는 스스로 선택하고자 하며 자신의 의지를 드러내려 한다. 유아는 자율성을 갖고자 하며 새로운 힘의 감각을 익히게 된다. '나' '내 것' 같은 말을 자주 하며 '아니야' '안 해' '내가' 등을 써서 자기주장을 하고 능동적인 신체활동과 언어의 사용이 증가된다(변용만 외, 2007). 배변을 주무르거나 혼자 먹는다고 밥상을 엉망으로 만드는 등 유아가 자신의 의지대로 행동하려 들게 되면, 사회화의 수행자인 부모는 유아가 사회적으로 적합한 행동을 하도록 훈련시킨다. 그러나 사회적 기대와 압력을 의식하면서 자신의 욕구를 충족시키지 못하면 수치심과 회의가 나타나는데, 훈련을 위해 아동의 노력을 묵살하거나 실수를 과장하고 수치심을 심어 주면 아동은 스스로 하고자 하는 충동을 능가하는 수치심과 회의를 발달시키게 된다.

■ 3단계(3세~6세): 주도성 대 죄책감

이 시기의 유아는 부모의 신뢰감을 얻게 되고 자신의 욕구를 처리하는 데 필요한 자율감을 획득하면서 독립하고자 한다(김수희, 2007). 또한 언어를 능숙하게 구사하고 활동영역도 넓어지며 새로운 것에 대해 끊임없는 호기심을 나타낸다. 주도성이란 대범하고 호기심이 많으며 경쟁적인 특성을 말한다. 주도성을 지닌 아동은 계획을 세우고 목표를 설정하며 그것을 달성하려고 한다. 예를 들어, 5살짜리 아동은 블록을 얼마나 높이 쌓을 수 있는지에 도전하고자 하고, 침대에서 누가 높이 뛰어오를 수 있는지를 내기하며, 처음에 보는 것은 무엇이든 호기심을 가지고 많은 질문을 할 것이다. 이 시기 아동의 행동은 목표 지향적이고 경쟁적이며 상상력이 풍부하고 대범한 특징을 갖는다. 이때 스스로 할 수 있는 것을 허용하고 격려하면 주도성을 형성하게 되고 독립성과 존중감을 기르는 데 중요한 기초가 된다.

한편, 이 시기는 양심이 발달하게 되는데, 양심의 발달은 위와 같은 적극성을 제재하는 기제로 작용한다. 아동은 초자아의 발달로 위험한 충동과 환상을 억제하게 되며, 이후로는 영원히 아동의 순진한 열망과 대범성은 자기통제나 처벌 등을 통해 억제되어 자신의 능력을 의심하고 죄책감을 갖게 되는 것이다. 따라서 부모는 이 시기의 아동이 느끼는 죄책감이 주도성을 위축시키지 않도록 이해심 많은 태도를 보여야 할 것이다. 그와 더불어 부모가 자신의 권위를 줄이고 아동으로 하여금 흥미 있는 일들에 동등한 자격으로 참여할 수 있게 한다면 아동은 그들의 야망을 포기하지 않고도 자신들의 야망을 사회생활의 목표에 맞게 적절히 부합시켜 나갈 수 있을 것이다.

■ 4단계(7세~12세): 근면성 대 열등감

지적 호기심과 성취동기에 의해 활동이 유발되는 자아성장의 결정적인 시기이다. 이 시기의 아동은 기초적인 인지적 기술과 사회적 기술을 습득하게 되며, 사회에서 통용되고 유용한 기술을 배우는 데 전념한다(변용만, 2007). 학교생활을 하면서 꾸준한 주의집중과 지속적인 근면을 유지하는 근면성을 발달시킨다. 또 이 시기의 아동은 또래들과 어울려 놀고 일하는 것을 배우게 되므로 성취기회와 성취과업의 인정과 격려가 있다면 성취감이 길러질 것이다.

반면에 위와 같이 성취하지 못하면 좌절감과 열등감을 갖게 된다. 즉 이 단계에서 지나치게 부적절감이나 열등감을 경험하는 것은 문제가 된다. 심한 열등감은 여러 가지 원인에서 오는데, 전 단계의 갈등이 해결되지 못했기 때문에 어려움을 겪게 되기도 하고, 때로는 아동에 대한 학교와 지역사회의 편견 때문에 근면성의 발달이 방해를 받기도 한다.

■ 5단계(청소년기): 정체감 대 정체감 혼미

자신이 어떤 사람이 될 것인가에 대해 관심을 갖게 되고 그와 동시에 심리적인 혁명이 마음에서 일어나는 시기이다.

Erikson은 모든 시기 중 청년기에 가장 주목했는데, 청년기는 급격한 생리적 변화로 인해서 성적, 공격적 충동이 자아를 위협할 정도로 강해지는 격동의 시기라고 보았다(이영 외, 2009). 청년기의 가장 중요한 과제는 새로운 자아정체감, 즉 나는 누구인가 또 거대한 사회 속에서 나의 위치는 어디인가에 대한 끊임없는 질문을 통해 자신에 대한 통찰과 자아상을 찾는 노력을 하여 자신의 능력, 역할, 책임에 분명한 인식을 갖는 것이라고 생각했다. 그 결과로 얻는 것이 자아 정체감이다. 정체감의 형성은 전 생애에 걸친 과정이지만 정체감의 문제는 청년기에 위기를 맞게 된다. 왜냐하면 청년기는 내외적인 변화가 많이 일어나고 미래와 관련된 많은 선택이 이루어지는 시기이기 때문이다. 사춘기 동안의 급격한 신체적 변화로 인해 청년들은 자신의 모습에 당황해하기도 하며 10대들이 거울 앞에서 많은 시간을 보내는 것도 그런 이유이다. 그러나 정체감의 문제는 이러한 신체적 변화나 본능적 충동 이외에 사회적인 측면을 함축하고 있다. 청년들은 다른 사람들 눈에 자신이 좋게 보이지 않으면 어쩌나, 다른 사람의 기대에 어긋나게 되면 어쩌나 하는 생각을 한다. 그리고 사회에서의 자신의 진로에 대해서도 생각한다. 급속하게 성장하는 정신능력을 갖춘 청년들은 자신 앞에 놓인 무수한 선택의 가능성에 압도된다.

이 시기의 청년들은 자신의 의문에 답을 찾으려고 노력하지만 그 과정은 쉽지 않고 자아 정체성이 형성되지 못하면 고민과 방황이 길어지게 되어 자아 정체감 혼미, 역할 혼란이 온다고 Erikson은 말한다(Erikson, 1963). 이와 같이 자신이 누구인가에 대한 확신을 갖기가 힘들기 때문에 청년들은 소속집단에 동일시하는 경향이 있어 편협하고 동지와 적을 구분하여 자기와 다른 사람들에게는 배타적으로 될 수 있다.

■ 6단계(청년기): 친밀감대 고립감

청소년기에 자아 정체감이 확립되면 자신의 정체성을 타인의 정체성과 연결시키려는 노력을 하게 된다. 즉 청년기에 이르면 상대방에게서 공유된 정체감을 찾으려 하기 때문에 타인과의 친밀감을 형성하는 일이 중요한 과제가 되는 것이다. 청년기 이후의 단계들은 사람들이 다른 사람에 대한 사랑과 보살핌을 넓혀 가고 심화시켜 가는 과정을 나타낸다. 또한 자신의 고립을 배우자, 부모, 동료 등 사회의 다른 성인들과의 친밀감으로 극복하고자 한다. 그러나 청년기에는 상대방을 통해 자기를 정의하려고 하므로 자신을 해명하는 문제에 골몰해 있기 때문에 타인과의 관계에서 진정한 친밀감에 도달하기가 쉽지 않다.

정체감을 확립하지 못한 사람은 자기 자신에 대해 자신이 없기 때문에 타인과의 관계에서 친밀감을 형성하지 못하고 고립하여 더욱더 자기 자신에게만 몰두하게 된다.

■ 7단계(장년기): 생산성 대 침체감

타인과의 원만한 관계가 형성되어 장년기에는 자신에게 몰두하기 보다는 생산적인 일과 자녀의 양육에 집중하게 된다(김수희, 2007). 즉 배우자와 친밀감을 형성하게 되면 그들의 관심은 두 사람의 관계를 넘어서 확대되고 그들은 다음 세대를 이끌고 가르치고 키워 나가는 데 관심을 갖기 시작한다. 생산성은 자녀를 낳고 기르는 것뿐만 아니라 넓게는 다른 사람들이나 그들의 다음 세대를 위해 일하거나 그들에게 보다 더 나은 세상을 만들어 주는 데 기여하는 것을 뜻하기도 한다. 그러한 과정이 원만하지 못하면 생산성이 결핍되어 성격이 침체되고 전 단계와 마찬가지로 자신에게만 몰두하여 사회적·발달적으로 정체를 면하지 못하게 되는 것이다(변용만, 2007). 이러한 사람들은 종종 유사친밀 상태로 퇴행하거나 타인에 대한 관심보다는 자신의 욕구에 더 치중하는 경향이 있어서 스스로에게 빠져들어 타인에 대한 관대함을 잃기 쉽다.

■ 8단계(노년기): 통합성 대 절망감

급변하는 현대사회는 노인의 오랜 경륜의 가치를 많이 약화시켜서 체력과 건강을 잃고 은퇴로 인해 직업과 수입원을 잃고 시간이 지나면서 친구나 배우자를 잃기도 한다. 성공적인 노년은 이러한 신체적, 사회적 후퇴에 어떻게 적응하느냐에 달려 있다.

여기서 Erikson이 강조하는 적응은 외적인 것이 아니라 성숙과 지혜에 대한 잠재력을 갖기 위한 내적인 투쟁을 의미한다. 대부분의 경우 노년기에 들어서면 자신의 생애를 되돌아보며 자신의 인생이 가치 있는 것이었는지를 생각하게 된다. 또한 인생을 인정하고 수용하여 통찰과 관조로 자신의 유한성을 인식하는 것이다. 이런 과정에서, 이미 살아온 생애가 후회스럽고 다시 돌아가기에는 너무 늦어버려서 보다 나은 삶을 선택할 수 없다는 궁극적인 절망감에 이르게 된다. 이러한 절망감이 사소한 일들에 대한 혐오로 나타나기도 하여 자신의 짧은 인생을 탓하고 불가능함에도 불구하고 다른 인생을 무리하게 시도하려는 데 급급해 한다.

3. Piaget의 인지발달이론

Piaget는 인간은 능동적으로 환경과 상호작용하여 인지발달을 이룬다고 하면서 다른 연령에 따라 서로 다른 이해와 단계를 갖는다고 주장한 바 있다(변용만, 2007). 여기서 인지발달이란 아동이 언어적인 기술을 획득하듯이 사고와 추론 기술을 발달시키는 과정을 말한다. 즉 인지발달은 아동이 생각하는 방식과 그 사고방식의 변화에 초점을 맞춘 것이다.

1) 기본가정

Piaget의 인지발달이론과 관련하여 인지발달과정에서 몇 가지의 주요 개념들을 상정하고 있는데, 그것은 인지, 도식, 평형화(동화와 조절)로 구분되는데, 이에 대해 간략하게 설명하면 다음과 같다.

첫째, 인지란 여러 가지 방법으로 변형하고 부호화하고 기억 속에 저장한 다음 그것을 사용할 경우 인출하는 정신과정이라 할 수 있다. 즉 외적 행동을 가져오는 인간의 내적 정신과정을 객관적이고 과학적인 방법으로 연구하는 것이다. 인지구조는 주체가 대상과 상호작용하는 동안 형성되는데, 피아제는 발달하는 과정에서 시행된 행동에 기초해서 점차 적절한 지적 구조를 형성할 수 있는 지적인 기능이 태생적으로 정해진 대로 발달한다고 보고 있다.

둘째, 도식(scheme)이란 사물이나 사건, 사실에 대한 전체적인 윤곽이나 개념을 뜻하며(정옥분, 2007), 주어진 자극에 대해 적합한 반응을 하는 반응체계를 말한다. 도식은 생물학적인 지식에서 빌려온 개념으로 인간 유기체는 환경을 변화시키고 환경에 적응하는 생물학적 구조를 가지고 있다. 소화기관의 예를 들면, 영아에게 소화되기 쉬운 음식이 주어지면 영아는 쉽게 음식을 먹고, 소화를 잘 시킬 것이다. 그러나 어른이나 먹을 수 있는 딱딱한 음식이 주어진다면, 소화는커녕 먹지도 못할 것이다. 이 음식을 먹고 소화시키기 위해서는 음식이 바뀌거나 영아가 어른의 소화기관으로 바뀌거나 둘 중 하나이어야 한다. 따라서 도식은 소화기관과 같이 생물학적인 구조에 비유될 수 있는 것으로서, 인간으로 하여금 사고를 조직하게 하고 환경에 적응하게 하는 심리적 구조라고 말할 수 있다. 소화기관이 연령에 따라 달라지듯이, 인간이 행동 및 사고를 조직하고 환경에 적응하는 성향도 연령에 따라 달라진다. 이것은 아동의 심리적 구조가 아동 자신의 경험적 활동에 의해 후천적으로 학습된다는 것을 의미한다. 따라서 도식이란 한마디로 아동 자신의 경험적 활동에 의해 조직화한 행동양식이라 말할 수 있다.

셋째, Piaget에 따르면, 아동의 사고는 두 가지 과정을 통해서 발달해 나간다. 즉 동화(assimilation)와 조절(accommodation)의 과정이다. 동화란 환경내의 자극에 반응함으로써 이미 학습된 기존의 인지구조나 도식에 의해 해석하는 과정이다(정옥분, 2008). 즉 정보가 들어왔을 때, 현존해 있는 도식이 이를 잘 받아들여 새로운 정보를 잘 융합시키는 것을 말한다. 그러나 도식이 잘 융합될 수 있는 것은 아니며, 잘 융합될 수 없을 경우, 아동은 자신이 가지고 있는 현재의 도식을 수정해서 새로운 정보를 현존하는 도식과 융합시키게 되는데 이러한 과정을 조절이라 할 수 있다. 동화와 조절은 상보적인 형태로 동시에 일어나게 되는데, 즉 어떻게 할 것인가라는 문제에 직면했을 경우, 이미 알고 있는 지식을 적용시키는 동화의 과정과 무엇인가 새로운 방법을 획득하는 조절의 과정이 우리의 사고 과정에서 동시에 일어나고 있는 것이다. 인간은 자신의 심리구조를 일관성 있고 안정된 행동양식으로 조직하려는 경향이 있는데, 그것은 인간 유기체의 심리구조가 평형화(equilibrium)의 상태를 유지하려는 경향이 있기 때문이라고 Piaget는 언급하였다. 여기서 평형이란 동화와 조절 간의 인지적 지하도록 하는 것을 말하는데, 쉽게 동화될 수 없고, 조절할 수 없는 새로운 정보가 들어왔을 때, 개인의 심리구조는 평형을 잃어버리게 되며, 평형을 잃어버린 상태의 개인의 심리구조가 다시 평형화되었을 때는 보다 높은 차원의 심리구조가 획득된 상태이다.

2) 발달단계와 특성

Piaget에 따르면, 아동은 이상의 세 가지 변인 중 어느 하나라도 결핍되었을 경우 지적발달은 지연된다고 언급하고 있으며, 성숙, 물리적 경험, 사회적 상호작용을 통한 인지발달의 개념화를 위해서 피아제는 네 가지 단계로 구분하여 설명하고 있는데, 네 가지 단계에 대해 간략하게 설명하면 다음과 같다.

* 감각운동기(sensory-motor stage, 0~2세): 감각운동기에는 신생아의 단순한 반사들이 나타나는 것에서 시작하여 초기의 유아적 언어를 나타내는 상징적 사고가 시작되는 2세경에 끝이 난다(정옥분, 2007). 이 단계에서 아동의 인지활동은 시각

이나 청각 등 감각적이고 운동적인 행동도식을 통해 외부환경을 이해한다.

이 시기의 가장 중요한 특징은 후반기에 나타나는 대상영속성의 발달이다. 이는 대상이 보이지 않더라도 존재한다는 것을 알게 되는 것을 말한다. 초기의 아동은 어떤 대상이 자신의 앞에서 사라지면 세상에서 없어지는 것으로 이해하지만 이 시기가 지나게 되면 보이지 않아도 아예 없어지는 것은 아니라는 것을 이해하게 된다.

* 전조작기(preoperational period, 2~7세): 조작이란 어떤 논리적인 사고를 통해 조작하는 행위를 의미하는데, 전조작기란 조작이 가능하지 않은 이전의 단계라는 의미이다(정옥분, 2008). 이 시기에는 정신적 표상에 의한 사고가 가능하나 아직 개념적 조작 능력이 충분하지 못한 발달의 불완전한 단계이다. 언어능력이 발달하면서 언어를 사용하고, 자신이 내재적으로 가지고 있는 표상을 여러 형태의 상징으로 표현하게 된다. 전조작기 사고의 주요한 특징은 다음과 같이 요약할 수 있다(변용만, 2007).

－상징적 사고: 감각운동기까지의 인간은 자신의 행동이나 감각에 의존하여 생활한다. 그러나 감각운동기의 말기(2세경부터)가 되면 점점 정신적 표상을 형성하기 시작하며, 아동은 자신이 가지고 있는 표상들을 그림이나 언어 등의 형태로 표현하는데 상징놀이라는 방법을 사용하여 이루어진다. 대표적인 것으로 소꿉놀이나 병원놀이를 하면서 막대기를 총으로, 돌이나 모래를 음식으로 하여 가상적인 사물과 상황을 실제 사물이나 상황처럼 상징행동을 나타낸다.

－자기중심적 사고: 아이들은 남을 배려하지 못한다. 그러나 성인 간에 야기되는 이기주의와는 다른 개념으로 타인의 관점이 자신의 관점과 다를 수 있다는 가능성

을 아직 인식하지 못한다는 의미이다. Piaget는 그 원인을 자기중심적 사고에서 찾는다. 전조작기의 아이들은 타인의 생각, 감정, 지각, 관점 등이 자신과 동일하리라고 생각하는 특성을 가지게 되는데, 유명한 세 산 실험의 결과에서 그 내용을 찾을 수 있다.

※ 세 산 실험

아동들에게 비대칭적인 산 모양을 보여 준 후, 자신이 앉아 있는 위치와는 다른 위치에서 관찰자가 그 광경을 보았을 때 무엇을 볼 수 있을 것인지 물었다. 일반적으로 3, 4세의 아동은 타인도 자신이 보았던 것을 볼 것이라고 예상한다. 이런 실험을 통해 타인의 시각에서 보는 조망을 추론할 수 있는 조망수용능력을 가지고 있지 못하다는 것을 알 수 있다.

- 직관적 사고: 크기, 모양, 색깔과 같은 한 가지 두드러진 속성에 근거하여 대상을 이해하려는 사고를 말한다. 즉 내재적인 조건이나 객관적인 판단보다는 지각적인 특성에만 의존하게 된다는 것인데 이러한 사고의 특성 때문에 전조작기 아동은 보존개념을 획득할 수 없게 된다.

※ 보존개념 실험

예를 들어 A, B의 두 비커에 같은 양의 물을 담았다고 생각해 보자. A비커와 B비커는 모두 같은 모양과 크기이므로 두 비커에 든 물의 양은 동일하다고 여긴다. 그러나 B비커의 물을 좁고 높은 모양의 C비커에 담는다면 아동은 물의 양이 늘어났다고 여기게 된다. 눈에 보이는 그릇의 모양만을 보고 물의 양을 판단하게 되는 직관적 사고가 나타나게 되는 것이다.

 －물활론적 사고: 생명이 없는 사물이나 현상에 모두 생명과 감정이 있다고 여기는 사고를 말한다. 즉 사물은 살아 있으며 각자가 자신의 의지에 따라 움직인다고 생각한다.

 * 구체적 조작기(concrete operational period, 7~11): 이 시기의 아동은 비논리적인 사고에서 논리적인 사고가 발달하지만 관찰 가능한 구체적이고 실제적인 대상에 국한되어 있다. 구체적 조각기의 특징은 전조작기와는 달리 보존개념이 획득되고 자기중심성에서 탈피하여 타인의 견해와 자신의 견해가 다를 수 있음을 인식한다(변용만, 2007). 또한 규칙은 사람들 간의 상호 합의이며, 동의한다면 언제든지 변화 가능하다는 사실을 알게 된다. 그 외에 사물 간의 관계에 따라 순서를 이해하는 서열화 개념, 사물을 일정한 속성에 의해 구분하는 분류 개념 등을 이 시기에 획득한다(조복희, 2003).
 * 형식적 조작기(formal operational period, 11세 이후): 형식적 조작기에 접어들면

서 직접적인 경험이 아닌 추상적인 사고를 통해 자료를 조작하여 과학적으로 추리하며, 추론을 하고 가설을 검증할 수 있게 된다(이영, 2009). 추상적 사고란 융통성 있는 사고, 효율적인 사고, 복잡한 추리, 직면한 문제 사태에서 해결 가능한 모든 방안을 종합적으로 고려해 보는 일 등과 같은 것을 말한다. 이 단계에서 가장 중요한 조작능력은 종합적 사고로서 하나의 문제를 해결하기 위해 모든 가능한 해결책을 논리적으로 검토할 수 있는 것이다(이영, 2009).

PART 03
가족미술치료

Part 03

가족미술치료

1. 가족미술치료의 개념

가족미술치료(Family Art Therapy)는 내담자의 문제가 내담자 자신의 문제이기보다는 가족 전체의 문제라는 전제하에 치료에 참여시켜서 가족을 대상으로 실시하는 치료방법이며, 가족이론과 미술치료이론을 결합한 종합적인 심리치료기법이다. 즉 가족의 자발적이고 능동적인 미술활동을 통해 가족에 대한 이해와 수용을 증진시키고 긍정적인 가족관계로 변화하고 발전시키며, 서로의 관계를 알기 위해 실시하는 유용한 방법이다(김효숙, 2007). 미술이 진단과 치료의 수단으로 사용되어 교육자뿐 아니라 임상 및 상담가들에게 치료적 방법으로 도움이 되고 있다.

2. 가족미술치료의 발달과정

초기의 가족화는 인물화를 중심으로 지적이해와 정석적 이해를 돕는 것에서 출발하였다. 1950년대 가족치료이론이 대두되면서 미국의 Hulse(1951)에 의해 가족화 검사(Family Drawing Test: FDT)가 실시되었는데, 이는 환자의 가족을 치료에 오도록 하여 가족을 그리게 함으로써 내담자에 대한 유익한 정보를 얻을 수 있음을 발견하고 그의 치료를 위해 가족들에게 그리도록 하는 비운동성(akinetic)가족그림 검사이다. FDT에 대해 Leo(1970)는 아동의 가족화는 정서적이고 감정에 의해 채색되어 자신의 느낌을 잘 전달한다고 인정한 바 있다. 가족화 검사의 목적은 가족이 구성원 개개인을 그림 순서, 그림 속에 생략되거나 과장된 가족구성원, 화지에서의 그림의 크기나 위치, 분포상태 등에 나타난 그림의 특성을 통해 가족 간의 관계를 파악하는 것이다(권기덕·김동연·최외선, 2000). 가족미술치료는 1960년대에 접어들면서 정신의학 분야에 가족연구에 대한 새로운 경향으로 등장하게 되었다. 가족 전체를 대상으로 한 역동적 가족 상담기법이 고안되면서 이에 Kwiatkowska, Naumburg, Sternn, Meares, Kramerd 등에 의해 확립된 정신분석적 미술치료의 연장으로 가족미술치료(Family Art Therapy: FAT)를 창안하였다. Kwiatkowska는 다른 치료적 접근법과는 달리 가족 전원이 동시에 참가하여 비언어적인 표현행동으로서 미술과제를 시행하도록 하였다. 이런 가족 간의 의사소통 매개로 활용하는 미술치료는 Rubin, Landgarten, Wadeson, Grold, Zierer, Muller 등의 후속연구를 통해 기법이 개발되어 갔다.

1970년대에 Kaufman과 Burns가 동적가족화(Kinetic Family Drawing: KFD)를 개발하였으며, 해석은 생활공간을 구성하는 것은 개인의 역동적인 지각에 의존한다는 Lewin의 장이론과 정신분석이론에 근거를 두고 있다. Burns는 상징을 중심에 모으는 새로운 동적가족화로 동그라미중심가족화(Family Centered Circle Drawing: FCCD)를 창안하였고, Wadeson은 부부미술치료라는 새로운 기법을 개발하였다.

3. 가족미술치료의 장점

1) 미술치료의 장점

　내담자에게 있어 미술은 기법이나 숙련을 위한 지도나 평가를 위한 것이라기보다는 개인이 가지고 있는 심리적, 정신적 문제를 미술로 표현하는 행위와 과정이다(정선화 외, 2008). 또한 심신의 어려움을 겪고 있는 대상에게 미술을 적용하여 그들의 태도와 행동에 영향을 주어 그 어려움을 치유하고 완화시킴으로써 인간성을 개발하며 윤택하게 하는 데 중요한 목적이 있다고 하겠다.

　우선 일반적으로 실시하고 논의되어 온 미술치료의 장점을 Wadeson(1980)이 요약한 것을 제시하면 다음과 같다.

　첫째, 미술은 심상의 표현이다.

　말이라는 것은 형태를 취하기 전에 심상을 활동하는 것으로 우리는 주로 심상으로 생각을 한다고 볼 수 있다. 즉, '사과'라는 말을 하기 전에 사과라는 사물에 대한 심상을 떠올리게 된다는 것이다.

심상은 성격형성에 중요한 역할을 하며 삶의 초기의 경험이 심상의 중요한 요소가 된다. 미술치료에서는 꿈이나 환상, 경험이 순수한 언어적 치료법에서처럼 말로 표현하는 것이 아니라 심상으로 그려진다. 따라서 미술의 매체는 종종 심상의 표출을 자극하여 창조적인 과정으로 나아가도록 돕는다.

인간의 심상은 주관적인 경험이 마음의 모습으로 나타나기 때문에 가장 구체적이고 솔직한 표현이며, 미술이 심상을 표현하는 데 매우 유용하게 사용되는 것이다.

둘째, 미술은 방어를 감소시킨다.

미술은 언어가 많이 사용되지 않는 비언어적 수단이고, 주로 작업 활동으로 표현하므로 부담이 적고 자기방어기제의 영향을 다소 적게 받는다. 또한 언어에 비해 통제를 적게 받으며 예상치 못한 작품이 그림이나 입체작품으로 제작될 수 있는데 미술치료에서 가장 흥미로운 잠재성 중의 하나이다.

셋째, 미술은 구체적인 자료의 유형을 즉시 얻을 수 있다.

미술활동을 통해 시각적, 촉각적인 결과물이 남게 되면 이 작품을 통해 자신의 문제나 갈등에 대해 재인식하고 바람직한 방향으로 나아갈 수 있도록 하는 데 도움을 줄 수 있다. 즉 눈으로 볼 수 있고 손으로 만질 수 있는 자료가 내담자로부터 생산되었다는 사실이 많은 의미를 지니는데, 이러한 과정이 내담자와 치료사 간에 다리를 놓는 것이다. 내담자 자신의 감정이나 사고가 그림이나 조소와 같은 사물로 구체화되기 때문에 자신도 모르게 자신의 작품을 보며 개인의 실존을 깨닫게 된다.

넷째, 미술의 자료는 영속성이 있어 재회상할 수 있다.

내담자가 완성한 자료는 실물이든 파일이든 계속적으로 남겨져서 치료 종결 시에 내담자가 회상이나, 통찰, 마음의 재정리 등에 중요하게 활용할 수 있으며, 보관함으로써 내담자의 존재에 대한 인식과 존중의 의미를 전할 수 있게 된다.

또한 필요한 시기에 내담자가 원하면 만든 작품을 재검토하여 치료의 효과를 높일 수 있다. 그 이유는 그림이나 입체 작품이 내담자에게 나타날 수 있는 주관적인 기억의 왜곡을 방지할 수 있기 때문이다.

다섯째, 미술은 공간성을 지닌다.

미술활동은 그 자체로서 공간적 특성을 지니며, 이로 인해 문제를 쉽게 이해하고 해결하는 데 도움을 줄 수 있다. 이는 물리적인 공간의 의미뿐 아니라 가족이나 타인과의 관계에서 나타나는 치료활동 내에서의 공간성을 지니는 것이다.

미술치료에서는 공간에서의 연관성이 발생하는데 예컨대, 가족을 말로써 소개할 때는 아버지나 어머니를 소개하고 그들과의 관계를 이야기하고 형제와 그들의 관계, 모든 가족과 나와의 관계를 말할 것이다. 그러나 미술에서는 이 모든 경험을 동시에 화면에 구성하여 결합과 분리, 유사점과 차이점, 가족의 생활환경 등을 표현하므로 개인이나 집단의 성격을 이해하는 데 도움을 주는 것이다.

여섯째, 미술은 창조성이 있으며 신체적인 에너지를 유발한다.

갈등을 해결하기 위해 의뢰한 내담자가 미술활동을 시작하기 전에는 신체적 에너지가 다소 떨어져 있으나 치료를 진행하고 감상, 토론, 정리하는 시간을 통해 대체적으로 활기찬 모습을 보이는 경향이 있다. 그것은 단순하게 작업이나 신체적인 움직임을 통해서라기보다는 하나의 놀이처럼 열정이 있는 창조의 에너지를 발산하는 것이라고 할 수 있다. 이러한 창조적인 에너지를 통해 자신감, 성취감, 자아존중감, 통찰, 객관화, 합리화의 모습이 형성되는 것이다.

2) 가족미술치료의 장점

가족의 미술작업은 집단의 초자아 방어나 통제를 줄이고 상호작용을 촉진하여 상징적인 이미지에 의해서 무의식적 감정을 표현하도록 하는 방법이다. 따라서 언어가 충분히 발달하지 않은 아동도 참여할 수 있고 치료자도 함께 참가하여 직접 가족 내의 갈등을 관찰할 수 있다. 그 이외에 가족구성원을 대상으로 미술치료를 활용하는 것은 시간과 비용 면에서 효과적이고 효율적일 수 있다는 것이 또 다른 장점이다(오선미 역, 2010).

미술치료과제들은 가족치료의 다양한 측면에서 적용할 수 있다. 예를 들면 내담자의 초기 경험을 해결하고 원가족을 탐색할 수 있으며, 과거와 현재의 생활사를 조사하고 전의식적인 것을 표면화시켜서 방어를 감소시키거나 통찰력을 얻어 정서적 경험, 원인과 결과를 이해할 수가 있다. 또한 심리적 거리를 관찰하고 역기능적 태도를 지적하며, 갈등을 해결하고 가족 구성원의 분화, 부모 됨과 문제해결능력을 향상시키는 데 역할을 한다는 것이다.

개인에 대한 심리치료의 발전으로 인해 개인치료에서 가족치료의 중요성이 더 강하게 발전되면서 미술의 개념을 접목시킨 가족미술치료의 효과적인 부분에 관심을 갖게 되었는데 개인치료나 개인미술치료와는 다음과 같은 부분에서 다른 장점을 가진다.

① 개인치료는 오랜 기간에 걸친 성격탐색을 통하여 문제를 해결하고 변화를 가져
오는 것인 데 비해 가족치료는 가족 전원이 치료의 대상이 되므로 단기간에 걸쳐
실시된다.

② 가족치료는 체계이론에 입각하여 관계와 관계 내의 문제에 초점을 두므로 개인
치료와는 대조되는 가정과 철학을 지닌다.

③ 가족미술치료는 다른 언어적 상담보다 미술작업의 결과물에 대한 가족의 이해
와 수용이 용이하며, 각 가족 구성원에 대한 이해와 자신에 대한 탐색이 깊게 이
루어질 수 있다. 가족미술치료 상황에서 있었던 결과물을 통한 탐색과 이해는
개인치료보다 오래 지속되는 장점이 있다.

④ 가족치료 과정에서 미술과제를 실시했을 때 언어적인 것보다 저항이 더 적다.

⑤ 가족 전체가 변화되는 결과를 가져오며 그 변화가 지속된다. 즉 개인과 가족구
성원이 변화하면서 역동적인 관계가 상승작용을 하므로 관계개선이 오래 지속될
수 있다.

4. 치료사의 역할

치료사는 가족의 다양한 형태구조를 파악하여 내담자에게 적절한 매체를 제공하여
야 하며 미술작업을 통해 나타난 정보를 활용하거나 이야기하는 데 시간을 할애하여

야 한다. 그러한 과정을 통해 가족 구성원 간에 무엇이 일어나고 있으며, 무엇이 상호 소통되고 있는지, 서로의 연결점이 어떻게 조작, 회피되고 있는지를 아는 동시에 모든 것을 사려 깊게 다루면서 필요로 하는 대안을 적절하게 제시해줄 수 있어야 한다(김진숙 역, 2004).

미술치료가 효과적으로 이루어지기 위해서는 미술치료에 대한 치료자의 인식이 무엇보다 중요하다. 특히 가족미술치료에 있어서 미술작업이 가지는 다음과 같은 치료적 가치가 소중히 다루어져야 한다. 첫째, 미술과정은 가족문제의 진단을 돕고 상호작용을 증진시키며 사전연습의 도구가 될 수 있다. 둘째, 미술작업이 무의식적인 의사소통과 의식적인 의사소통을 표출하는 수단이 될 수 있으며, 셋째, 가족역동성의 증거가 되는 미술작품이 남는다는 사실이다.

개인치료와는 많은 차이점을 갖고 있는 가족미술치료는 세션에 가족구성원을 참여시키기 위해 치료사가 이해하고 숙지해야 할 사항이 있다.

1) 가족에 대한 이해

가족이 갖고 있는 기존의 기능과 사회적 변화에 따른 가족기능변화, 가족의 유형, 가족구성원 간의 역할, 가족법에 대한 이해, 변화하고 있는 가족가치관, 최근 사회적 변화에 따른 한국가족의 변화에 민감해야 한다.

한국가족은 사회의 급속한 산업화와 더불어 진행된 가족의 외형상의 변화와 함께 가족의 가치관도 변화를 겪었다. 즉 혈연중심의 부계가족 중심의 가치관에서 민주주의 가치관으로 전환되었다. 이러한 새로운 가치관으로의 변화는 과거의 가치관을 완전히 바꾸는 것이 아니라 기존의 가치관 위에 덧씌워진 형태로 이루어지므로 우리나라의 가족은 서구의 가족과 근본적으로 차이가 있다고 볼 수 있다. 따라서 치료사는 한국의 가족에 대한 올바른 이해를 바탕으로 접근해야 한다.

2) 가족의 작품에 대한 올바른 이해

가족미술치료 과정에서 치료를 받는 가족이 그린 작품은 평가의 도구로서 가치를 지니고 있다. 그림활동은 가족들로 하여금 가족 내에 발생하고 있는 제 증상에 초점을 맞추는 대신 개념적이고 구조적인 문제에 관심을 갖도록 하여 이해를 새롭게 도울 수 있다(김효숙, 2007). 따라서 치료사는 가려져 있던 가족구성원의 문제를 표출하도록 하고 그 문제가 어떤 것인지에 대해 재정의해 주며, 문제를 어떻게 재구성하고 가족의 관계를 발전시킬지를 제안해 주어야 한다.

미술활동을 통해 가족은 방어 없이 자신의 생각을 표현하기 때문에 가족의 문제를 직접 드러내게 되며, 초기경험을 해결하고 원가족을 탐색하여 과거와 현재의 생활사를 조사하고, 전의식적인 것들을 표면화시켜 통찰력을 얻으며, 갈등해결과 가족구성원의 분화를 해결하는 등을 가족치료에 적용할 수 있다(권기덕·김동연·최외선, 2000). 그러므로 치료사의 역할은 가족이 한 가지의 대상에 몰두해 있을 때 드러나는 미묘함과 섬세함뿐만 아니라 미술작품을 통해서 겉으로 표현되는 메시지와 감춰진 메시지를 끊임없이 파악해 내야 하는 것이다. 가족의 역기능이 미술작품을 만들어 나가는 과정에서도 드러날 수 있기 때문이다(Landgarten, 1987).

3) 가족생활주기

혼인을 하고 자녀의 출산으로 가족이 확대되며, 그 자녀가 성장하여 출가하면서 가족은 축소되기 시작한다. 그 이후에 기존의 노부부가 사망함으로써 변화되는 일련의 과정을 가족생활주기라고 하는데 이에 대한 이해는 개인의 측면에서는 자신의 삶을 계획해 볼 수 있으며, 가족의 측면에서는 가족의 계속적인 발달과 변화에 따른 발달 과업을 준비하고 잠재되어 있는 문제점을 예방할 수 있다는 점에서 중요하다고 하겠다(김양희, 1990).

최근에 한국의 가족생활주기는 자녀교육중심과 부부중심으로 변화되어 왔고(공세권·조애저·김승권, 1993), 핵가족으로 변모하면서 자녀를 출가시킨 노부부들이 중·노년기를 어떻게 보내는가 하는 문제와 배우자가 사망했을 때 혼자의 삶을 어떻게 이어 갈지에 대한 문제가 가족생활주기의 변화와 관련된 중요한 문제로 대두되고 있다. 그러나 개인과 가족의 문제를 치료하는 데 있어서 가족의 생활주기와 가족치료모델에 대한 중점적인 연구가 부족한 실정이므로 치료사는 한국의 가족생활주기에 따른 내담자의 문제와 가족치료법 분석에 대한 연구(정문자·김연희, 2000), 가족생활주기에 따른 배우자의 일과 삶의 조화가 주부에게 어떤 영향을 미치는가에 대한 연구(박주혜, 2008) 등 선행연구를 통해 가족의 생활주기에 따라 다른 양상으로 드러나는 임상적인 문제에 적합한 치료기법을 모색하는 것이 필요하다.

5. 가족미술치료 진단법

1) Kwiatkowska의 가족미술치료

Kwiatkowska는 미술치료에서 특히 가족에 대한 관심과 임상실제를 실현한 사람으로서 심각한 심리적 문제로 입원한 청소년이나 성인가족을 대상으로 가족미술치료를 실시하였다(오선미 역, 2010).

가족역동이 공통적으로 나타내는 주제 내에서 가족의 역기능적인 의사소통과 상호관계성을 통찰하고 미술과정을 통해 치료적 개입을 시도한 구조화된 방법을 고안하였다. 이 기법은 정신과 의사와 미술치료사가 공동으로 치료의 책임을 지며, 모든 가족에게 적용 가능하다. 다음의 내용은 Kwiatkowska가 처음 가족을 만났을 때 실시하는 방법을 소개한 것이다(Kwiatkowska, 1978).

① 과제1: 자유화—1회기 치료모임에서 가족들은 분위기를 부드럽게 하기 위해 일종의 완화제로서 주제가 없는 그림을 그린다. 지시를 하지 않은 과제를 줌으로써 가족구성원들이 자유롭고 유연하게 반응할 수 있도록 한다. 치료사는 가족에게 "마음에 떠오르는 것은 무엇이든 그리세요"라고 말한다. 그림을 마치면 그림을 그린 날짜, 제목, 이름을 쓰도록 한다. 그림에 대한 설명을 하도록 하고 토론하는 시간을 갖는다. 자유화를 통해 가족의 역할, 위치, 무의식적 행동이 분명하게 나타난다.

② 과제2: 가족화—치료사가 가족에게 "자신을 포함한 가족을 모두 그리세요. 여러

분은 그림을 그리는 데 최선을 다해서 그리세요. 좋고 나쁜 것은 없습니다. 가족들의 전체 모습을 그리시기 바랍니다"라고 설명한다. 가족 중에 누군가를 그리고 그리지 않고는 자신의 선택에 달려 있다고 추가 설명을 한다. 가족이 있는 자리에서 가족을 그린다는 것 자체가 매우 의미 있는 반응을 끌어낼 수 있다는 것이 중요한 활동이다. 가족관계와 역할에 대한 인식을 확실하게 보여 주므로 가족이 각자 인식하고 있는 상호작용을 통찰할 수 있다.

③ 과제3: 추상적 가족화—치료사는 단순하게 "저는 당신들에게 추상적인 가족화를 그리도록 하려고 합니다"라고 설명을 한다. 가족들은 나름대로 자신이 생각하는 가족을 그리는데, 내용은 가족들의 사고양식과 사회경제적 수준과 관련이 있다. 가족들이 구체적인 설명을 요구하면 치료사는 "추상적 가족화는 가족의 신체나 얼굴을 그리는 것이 아니라 개인의 성격을 나타내기 위해서 색, 동작, 선, 형태를 사용하는 것입니다"라고 추가 설명을 한다. 그림의 상징들이 무엇을 나타내는 것인지 안내하는 시간을 갖는다. 가족은 질문이나 토론으로 과정을 경험한다. 이 과제를 수행하면서 미해결되거나 억압되었던 감정 등이 표출된다. 가족구성원 각자의 추상적 사고능력을 보여 주기도 하지만, 이제까지 가족들에 대해 어떤 생각과 느낌을 가지고 있었는지를 흥미로운 방법으로 인식할 수 있다.

* 가족의 취미나 직업의 상징

가족구성원이 하고 있는 일이나 취미를 상징적으로 묘사한 경우이다. 경계선 장애자나 강박적이고 충동적인 내담자에게 가장 많이 나타나는 경향성이다.

* 컬러나 형태로 표현된 무의미한 상징

가족들이 감정이 없는 형태나 색깔로 추상화를 나타낸다. 상징의 표현은 개인적인 방어로서 무의미한 그림이다. 구체적인 진술과 변명을 한다. 주로 정신분열증 환자의 가족에게서 많이 나타난다.

* 추상적이고 상징적인 표현

가족관계에서 감정을 극적으로 묘사하는 경우이다. 가족구성원들의 심각한 갈등을 나타낸다.

④ 과제4: 개인난화─미술치료에서 난화는 가족들이 무의식 속에 억압된 감정을 표출해 내는 강력한 도구로서의 역할을 한다. 또한 관념적 사고나 정해진 패턴에서 벗어날 수 있도록 자극하기도 한다. 난화를 그릴 때는 눈을 감고 무의미한 선을 자유롭게 그리도록 한다. 치료사는 가족들이 난화를 그리고 난 후 주제를 표현해 보도록 하고 원래의 선에다 다른 선을 첨가해도 되고 형태를 수정해도 되며 색을 사용할 수 있다는 설명을 해 준다. 가족들이 완성하고 나면 제목, 날짜, 이름을 기입한다. 가족 구성원들 각자는 자신의 난화에 담긴 상징과 이미지를 이야기한다.

⑤ 과제5: 공동난화─개인난화를 그린 후에 공동으로 그릴 난화의 밑그림을 선택하고 가족구성원들이 함께 합동으로 그림을 완성한다. 제목, 날짜, 이름을 의논하여 쓰도록 한다. 가족 공동난화의 기능은 가족들이 각각 어떤 방식으로 의사소통하는지, 어떤 방식으로 의견을 조정하고 결정하는지 잘 관찰할 수 있다는 것이다. 만약, 가족들이 난화에서 이미지 찾는 것을 어려워한다면, 구름을 볼 때 여러 가지 형태와 모양이 보이는 것과 마찬가지라고 설명을 해 준다.

⑥ 과제6: 자유화―가족들은 원하는 주제로 자유화를 그린다. 그림의 제목, 날짜, 이름을 기입하도록 하는데 제목은 많은 상징을 나타내므로 중요하다. 처음에 그린 자유화와 마지막에 그린 자유화 간의 공통점과 차이점을 비교하면 가족들 간의 상호작용 흐름과 그에 따른 변화를 살펴볼 수 있다. Kwiatkowska는 마지막 자유화가 매우 의미 있는 그림이라고 보았다. 이 그림 내에는 가족들이 함께 작업을 하면서 진단을 받는 동안 각자가 느낀 긴장이나 스트레스를 집약해서 보여 준다고 할 수 있다. 6개의 과정을 수행하는 데 대략 1시간 30분에서 2시간 정도가 소요된다.

2) Rubin의 가족미술평가

Rubin(1984)은 아동 및 아동의 가족과 미술치료를 실시하였다. 그녀는 부부나 부모그룹, 조부모그룹, 핵가족이나 확대가족그룹 등 다양한 그룹을 대상으로 작업을 하였고, 이러한 광범위한 임상경험은 많은 과제와 지시를 개발하는 데 영향을 미쳤다고 볼 수 있다(오선미 역, 2010).Rubin이 개발한 검사는 가족 그림검사로서 세 가지 과제를 연속적으로 하도록 하였다.

① 과제1: 개인난화―각자 자신의 앞에 놓인 16절지 종이 위에 난화를 그리는데, 눈은 감아도 되고 떠도 된다. 모든 가족이 그림을 완성하면 이젤에 그림을 세우고 각자의 그림을 설명한 뒤 가족들로부터 feedback을 받는다.
② 과제2: 가족초상화―구성원 각자가 자신의 가족을 상징하는 작품을 만드는 것

으로서 그림으로 그리거나 찰흙작업으로 표현하도록 한다. 작업을 마치고 나서 그림은 벽에 붙이고, 찰흙작품은 테이블 위에 올려놓아서 해서 한꺼번에 볼 수 있도록 일렬로 배열한다. 각자가 자신의 작품에 대해 설명을 하고 서로의 작품을 보면서 질문을 하거나 이야기를 나눈다.

③ 과제3: 공동벽화―벽에 90×180㎝ 정도의 넓은 종이를 붙이고 함께 공동작업을 하도록 하는 것이다. 이 과제는 가족들 간에 문제를 해결하기 위해 어떠한 결정을 누가 했는지, 어떻게 상호 작용하는지를 잘 나타내 준다. 과제를 모두 끝내기까지 약 2시간 정도가 소요된다.

3) Landgarten의 가족체계진단 절차

Landgarten(1987)은 『Family Art Psychotherapy』라는 책을 출판하면서 가족미술치료에 대한 상세하고 섬세한 사례중심으로 소개하고 있다. 특히 가족이 치료 장면에 참여할 때 미술작업을 통해 가족구성원들은 서로를 탐색하게 되며, 탐색을 하는 동안 이루어지는 상호작용을 서로가 인식할 수가 있는 것이다. 이러한 기법을 사용함으로써 일차적으로는 작업과정에서, 이차적으로는 작품내용에서 가족의사소통의 유형이 드러난다. 한 번의 작업만으로도 치료사는 그 가족의 체계뿐 아니라 집단의 전체적인 형태를 알 수 있는 경험의 기회를 갖게 된다. 가족은 작품을 만들고 치료사는 그들의 활동을 기록하는 과정에서 문제행동의 인과관계를 관찰할 수 있고 가족 전체가 지니고 있는 강점과 약점, 가족 구성원 각자가 갖는 강점과 약점을 파악할 수 있다.

가족의 체계를 평가하기 위해 내담자 가족은 다음의 세 가지 작업에 참여한다.

* 첫째 과정: 비언어적 팀작업-가족을 두 집단으로 나누고 집단이 형성되면 모든 구성원이 상대방과 다른 색의 용구를 선택하여 활동이 끝날 때까지 사용하여야 한다. 집단 구성을 통해 가족 간의 동맹관계를 알 수 있다. 작업을 하는 동안 언어적이거나 비언어적인 의사소통은 금지되며, 작업이 끝난 후에는 서로 의사소통을 통해 지목을 정하고 작품 위에 제목을 적도록 한다.
* 둘째 과정: 비언어적 가족미술작업-이 과정의 진단기법은 가족 전체가 한 장의 종이에 함께 작업하도록 제안한다. 첫 번째 과정과 마찬가지로 서로 의사소통을 하지 않고 완성된 작품에 제목을 붙이는 동안에만 이야기할 수 있는 것이다.
* 셋째 과정: 언어적 가족미술작업-활동을 하는 동안은 언어적 혹은 비언어적인 의사소통이 허용된 상태에서 한 장의 종이 위에 합동으로 그림을 그리도록 요구한다.

이러한 세 가지 작업을 통해 치료사는 기민한 관찰자인 동시에 기록자가 되어 가족이 상호작용하는 정보를 얻을 수 있으며, 다음과 같은 관찰목록을 관찰한다. 가족구성원의 모든 몸짓과 표현이 가족체계에 대한 하나의 단서가 되므로 유의하여 관찰하도록 한다.

* 누가 그림을 처음 시작하였으며, 그 사람으로 하여금 처음 시작하도록 이끈 과정은 무엇이었는가?
* 구성원 중의 나머지 사람들은 어떤 순서로 참여했는가?
* 어느 구성원의 제안이 채택되었으며, 어느 구성원의 제안이 무시되었는가?
* 각자의 개입 정도는 어떠했는가?
* 반대편 사람들과 자기편 사람들 중에서 전혀 미술작업에 참여하지 않은 사람은 누구였는가?
* 어떤 형태의 상징적인 접촉인 이루어졌으며, 누가 이것을 시도하였는가?
* 구성원들은 교대로 했는가, 집단으로 했는가 혹은 두 가지를 동시에 했는가?
* 각자의 위치는 어떠했는가?(중앙, 끝, 구석)
* 만일 방법에 있어서 변화가 있었다면 무엇이 변화를 촉진하였는가?
* 각자는 얼마나 많은 공간을 차지했는가?
* 어느 구성원이 독자적으로 행동했는가?
* 각자의 분담이 상징적으로 의미하는 것은 무엇인가?
* 누가 최초 시작자 혹은 반응자였는가?
* 정서적인 반응이 있었는가?
* 가족의 작업형태는 협동적, 개별적 혹은 비협조적이었는가?

PART 04
물고기 가족화 검사

Part 04

물고기 가족화 검사

물고기 가족화(Kinetic Fishes Family Drawing Test) 검사는 가족 간의 관계와 역동성을 진단하기 위한 그림 진단 기법으로 피검사자의 현재 심리상태를 파악하는 데 유용하며, 그림 그리기에 대한 불안 혹은 표현이 미숙한 대상자들도 거부감이 크지 않아 자주 사용되는 그림검사이다. 가족의 역동성은 그림 진단에서 가장 중요한 부분이라고 할 수 있다. '나(피검사자)와 부모', '나와 형제', '내가 느끼는 가족 분위기'는 내담자의 정서적 배경, 그리고 대인관계, 사회 적응도를 측정하는 기초 배경이 되기 때문이다.

1. 물고기 가족화의 실시

피검사자에게 어항을 그린 도식을 주어(혹은 치료사가 피검사자가 원하는 색으로 직접 그려줄 수도 있다) 그 안에 자신이 꾸미고 싶은 어항 속을 꾸며 보게 한다.

"어항 속에 물고기의 가족을 그려 보세요. 반드시 물고기 가족이 무언가를 하고 있는 그림을 그려야 합니다. 자신이 꾸미고 싶은 대로 자유롭게 표현해 주세요."

검사 시 치료사는 자신의 가정에 대한 비유나 자신의 내면에 대한 것들을 그리도록 코멘트 해도 무방하다.

검사자가 주의해야 할 사항은 모든 그림검사와 마찬가지로 그림만 보고 해석해서는 안 되며, 피검사자가 자신이 그린 그림에 대한 이야기를 풀어갈 수 있도록 이끌어 준다.

이 검사에서 어항은 '프라이버시가 없는 상태'라는 중의적인 의미를 가지므로 가족 내의 역동성을 물고기라는 매개체를 통하여 별 저항 없이 표현하게 할 수 있다.

어항 속의 물이 2/3 정도에서 어항을 넘지 않는 선까지 차지하고, 어항과 물고기가 조화롭고, 동적이며, 공간이 여유롭고 물풀 등 어항 속의 내용물들이 조화를 이룰 때 가장 안정적인 그림으로 해석할 수 있다.

2. 물고기 가족화의 분석

물고기 가족화는 가족 물고기만을 그릴 수도 있겠지만(때로는 이조차도 그리지 못하는 경우도 있다), 물풀, 산소통 등 어항과 관련된 여러 가지 내용물들이 그려지게 되는데, 이러한 내용들은 모두 상징적 의미를 포함하고 있으며, 피검사자의 심리상태 혹은 상상력(때로는 창의력과도 연결된다)에 따른 해석이 뒤따른다.

일반적으로 자주 표현되는 내용에 대한 해석을 살펴보면 다음과 같다.

1) 물의 양

물의 양은 기본적으로 물고기의 행동반경을 나타내며, 물이 어항의 2/3 정도를 차게 그린 경우는 정서적으로 안정된 상태로, 1/2 이하는 정서적 결핍상태로 볼 수 있다.

물이 어항에 가득한데도 밖으로부터 연결된 물호스는 억압으로부터 분출하려는 욕구를 나타내며, 물이 밖으로 넘치는 것도 같은 의미로 해석된다. 경우에 따라서는 충동적이거나, 그림검사에 대한 회피 혹은 장난스러움으로 해석되기도 한다.

2) 그리는 순서

- 그리는 물고기의 순서는 나와의 친밀도, 관심도 혹은 가족 내의 중요도, 권위도로 해석될 수 있다. 이러한 해석에 대한 검증은 물고기의 꾸밈 정도로 다시 재해석할 수 있는데, 이 부분에 관한 해석은 동적 가족화 검사(KFD-Kinetic Family Drawing Test)와 같다. 따라서 나(피검사자) 혹은 가족 구성원의 부재는 분리로 해석될 수 있다.
- 가족 중에 그리지 않은 사람이 있는 것은 피검사자와 대상과의 불편한 관계를 나타낸다.
- 동적 가족화 검사(KFD Test)에 따르면 묘사의 순위는 가족 내의 위계 및 관심도를 알 수 있게 하는데, 아버지나 어머니를 먼저 그리는 것은 보편적으로 나타나는 순서이지만, 만약 아동이 자신을 먼저 그렸을 경우 가족 내의 심리적 서열관계를 생각해 보거나 지나치게 아동중심 위주의 생활이 아닌지 혹은 자기애적 성향

이 크거나 자기중심적 사고, 주목받고 싶은 마음의 표현일 수 있다.

■ 죽은 가족을 그리는 것은 잊을 수 없는 친밀한 관계를 나타낸다.

3) 물고기의 위치 및 물고기 간의 거리

■ 나(피검사자)를 중심으로, 그렸을 때 나의 위에 위치한 배열은 권위적이며, 지배적인 상징. 가족에서 비중이 높은 것으로 해석할 수 있다. 즉 가장 상위에 위치한 대상자가 가족 내 리더 역할을 하는 사람으로 볼 수 있다.

■ 수평적이거나 아래에 위치한 배열은 피검사자 자신과 친절한 관계를 나타내지만, 극단적으로 하단에 위치하는 경우는 그려진 대상자가 힘이 없음을 상징한다.

■ 마주보는 관계는 그려진 상황에 따라 대립 혹은 긍정적 관계(사랑)로 해석되므로 해석 시 주의하도록 한다.

■ 자신을 중앙에 그리는 것은 자기중심적 혹은 관심받고 싶음을 의미한다.

■ 물고기 간의 거리는 심리적 거리와 비례하므로 가까이 그려진 물고기가 실제로도 가장 친숙하다고 해석하지만, 경우에 따라서는 자신의 소망을 그려낸 것일 수 있음에 주의한다.

■ 가족 물고기들의 그려진 방향(대부분 헤엄치는 모습으로 표현)은 한 방향으로 그려지거나 시선을 한곳에 둔 채 모여 있는 그림 등이 가장 이상적인 그림으로 해석할 수 있으며, 방향이 각기 달라 흩어져 있는 경우는 가족 내 화목함이 상실되고 역동성이 부족함으로 해석할 수 있다.

4) 물고기의 크기

- 물고기의 크기가 크면 자기중심적, 자신감 있음, 외향적으로 해석할 수 있으며, 지나치게 작은 경우 내향적, 위축, 소심함을 나타낸다.
- 물고기의 크기는 그리는 순서와 더불어 가족 내 서열을 알 수 있게 하는데, 크기가 클수록 가족 내에서 중요한 역할을 하는 것으로 해석된다.
- 아동이 자신의 물고기를 지나치게 작게 그리는 경우는 사랑받고 싶음, 퇴행(동생이 있는 경우), 의존적인 경우에도 나타난다.
- 어항에 비해 물고기의 크기가 지나치게 큰 경우는 피검사자가 충동적이거나 심리적으로 안정되어 있지 못함을 의미한다.

5) 물고기의 모양(표현)

- 물고기의 표현에 세심한 것은 그려진 대상에 대한 관심과 애정이 많음을 의미한다. 혹은 가족 내 권위의 상징으로 해석할 수 있다.
- 화려한 물고기표현은 실제로 대상자가 화려함을 의미한다. 물고기 전체의 표현이 지나치게 화려한 경우는 실제로 그렇지 않은 것에 대한 보상심리[1]일 수도 있음에 주의한다.

---

1) 우울적 자리의 주된 정신적 활동 중의 하나. 이것은 대상에게 해를 끼치지 않으려는 유아의 모든 노력을 포함하며, 특히 적의와 시기심에서 파생되는 유아 자신의 파괴적 충동으로부터 대상을 보호하기 위한 노력을 포함한다. 보상은 유아가 처음으로 감사하는 마음을 경험하는 것과 함께 시작되며, 모성적 대상에 의존되어 있는 현실을 받아들이면서 발달한다. 그리고 대상을 회복시키려는 이러한 노력은 창조적 능력으로 발달한다(미국 정신분석학회, 2002).

- 물고기 입이 그려지지 않은 것은 실제로 말수가 없음 혹은 말하고 싶지 않은 상 태를 의미하며 지느러미가 강조된 것은 활동적이고 자발적인 사람에게 많이 등장 한다.
- 꼼꼼한 비늘의 표현과 채색은 강박적 성향을 나타낸다.

6) 불안요소

주어진 어항에 손잡이를 그리는 경우, 어항 받침을 그려 넣는 경우, 어항을 놓은 테 이블을 그리는 경우는 불안 심리와 외부로부터의 도움을 요청하는 안전에 대한 욕구 로 해석된다.

7) 여러 가지 장식표현

- 주변장식을 하지 않고 물고기만 그리는 경우는 인간관계의 관심도나 고민을 나 타내며, 반대로 주변장식에 너무 많이 치중하면 사회화에 대한 관심을 갖고 있음 을 의미한다.
- 주요 과제인 물고기보다 다른 장식표현을 먼저 그리는 경우는 가족을 그리는 것 에 대한 회피 혹은 요점에 집중하지 못하는 것으로 해석하는데 이는 학습적인 부 분과의 연관성이 많아, 이런 그림을 그리는 아동의 경우 학습에 있어서도 내용을 잘 이해하지 못하는 경우가 많다.
- 중심부에 위치하며 장식이 많고 화려한 물고기는 감정적이고, 감각적인 면이 많

음을 의미한다.

- 이를 드러낸 물고기는 부정적, 공격적, 억압에 대한 불편한 감정을 나타내므로 그려진 대상과 피검사자와의 관계에 주목하도록 한다. 자신을 지칭할 경우는 자신의 분노 혹은 그로 인한 공격성을 의미하며, 타인의 경우는 자신에게 실제로 혹은 심리적으로 위협을 주는 인물일 경우가 많다.

- 아기물고기, 임신한 물고기, 새끼집은 모성애로의 귀의 및 퇴행을 의미한다. 그러나 현재의 상황을 파악하여 해석할 것에 주의한다.

- 지나친 물풀과 돌의 표현은 비사회화 혹은 열등감의 경향성 혹은 물고기 간의 분리 포위를 위해 사용한다. 여기서 분리는 함께하고 싶지 않은 심리적 상태, 포위는 함께하고 싶은 심리적 상태를 의미한다.

- 물 위에 떠 있는 연잎이나 수련 잎을 크게 그릴 때 또는 어항 밖으로 무성하게 뻗은 수초를 그리는 것은 나서고 싶지 않은 소극적인 성격으로 대인관계에 문제가 있음을 나타낸다.

- 산소기는 의존적인 상태에 있을 때 강조하여 그리지만, 답답함을 호소할 때 등장하기도 한다.

- 큰 물방울은 감정의 둔감함을, 작은 기포는 타인의 태도 여하에 따라 민감한 성격을 나타내지만, 경우에 따라서는 피검사자의 건강 상태 혹은 그려진 대상의 건강 상태와 관련될 수 있다.

- 많은 기포는 대부분 스트레스로 해석된다.

- 어항 속에 집이 등장하는 경우는 현재 지쳐 휴식을 원하거나 보호받고 싶을 때 혹은 안정된 집에 대한 소원이 있을 때 자주 표현된다.

■ 물고기 먹이의 표현은 애정, 보살핌에 대한 욕구로 해석된다.

3. 그림검사의 일반적 특성

다음은 모든 그림검사(투사검사)에 적용되는 해석에 관한 일반적인 가설들이다.

1) 일반적인 그림 형태에 관한 해석

(1) 힘을 준 정도(눌러서 그린 정도)

가. 그림 전체에 힘을 강하게 주어 그린 경우
■ 아주 긴장한 사람의 경우(Buck, 1948; Hamer, 1969; Jolles, 1964)
■ 기질적 병적인 상태, 뇌염 혹은 간질병 상태의 가능성(Buck, 1948; Hamer, 1971; Jolles, 1964; Machover, 1949)
■ 독단적이고 활기 있는 사람 혹은 야심에 찬 사람(Alschuler & Hattwick, 1947; Machover, 1949)
■ 공격적이거나 공격 가능성(Koch, 1977; Riedel, 1988; Buck, 1948; Hamer, 1971; Jolles)

나. 그리는 힘이 아주 약하게 그린 경우

- 적응을 잘하지 못하는 경우(Buck, 1948; Hamer, 1971; Jolles, 1964)
- 결단성이 없고 겁이 많으며 불안정한 사람(Jolles, 1964; Machover, 1949)
- 낮은 에너지를 가진 경우(Alschuler & Hattwick, 1947)
- 우울하거나 의지를 상실한 경우(Buck, 1948; Hamer, 1971; Jolles, 1964)

다. 그림의 일부분만 강하게 그린 경우

- 그 부분에 대한 고착 및 그 상징에 대한 억압이나 적의(Koch, 1977; Riedel, 1988; Buck, 1948; Hamer, 1971; Jolles)

2) 선과 관련된 해석

그림에 나타나는 선의 형태는 그리는 사람의 심리적 상태뿐만 아니라 나아가 신체 상태까지도 알 수 있다. Riedel(1988)은 선들의 조합은 현실성과 동등한 가치를 지니며, 인간의 신체 구조 및 운동성과 관련이 있다고 본다. 이러한 의미에서 선에 대한 이해는 환자(피검사자)의 그림에 나타난 의미를 읽고 해석하는 데 중요한 도구가 된다(유미, 2007).

(1) 특정한 선의 방향을 선호하는 경우

- 수평선의 강조는 두려움, 자아보호, 여성적, 약함을 의미(Alschuler & Hattwick,

1947; Petersen, 1977)

- 수직선의 강조는 남성적, 독단, 집념, 활동성이 강함을 의미(Alschuler & Hattwick, 1947; Petersen, 1977)
- 곡선은 활동적이며 신체적으로 건강함을 의미하지만, 관습적인 것에 대한 불만을 표시하는 가능성도 있음(Buck, 1948; Jolles, 1964)
- 굵고 곧은 선은 강하고 호전적인 경향성을 의미(Buck, 1948; Jolles, 1964)
- 획 방향의 계속적인 변화는 낮은 안전감을 의미(Petersen, 1977; Wolff, 1946)

(2) 선의 모양(선의 질)

- 경직된 선은 긴장하고 있거나 예민함 혹은 자제하거나 규율적인 경향을 의미 (Buck, 1948; Hamer, 1971; Jolles, 1964)
- 격렬한 선은 난폭성이 있음을 의미(Buck, 1948; Hamer, 1971)
- 곧고 망설임 없이 과단성 있는 선은 안정성 있고, 일정하며, 야망 찬 사람에게 많이 보임(Petersen, 1977)
- 흐릿한 선, 지속적이지 못한 선은 불안정하고 우유부단한 경향을 의미(Wolff, 1946)
- 곧고 지속적이며 빠른 선은 단호하거나 독단적인 사람과 연관됨(Alschuler & Hattwick, 1947; Hamer, 1971)
- 비지속적이며 느린 선은 결단력이 없는 사람에게 많이 보임(Alschuler & Hattwick, 1947; Hamer, 1971)

■ 비지속적인 선은 의존적이며 감성적인 경향(Alschuler & Hattwick, 1947; Hamer, 1971) 혹은 여성적이거나 유순한 사람에게 많이 보임(Alschuler & Hattwick, 1947; Machover, 1949)

(3) 선의 길이

■ 긴 선은 통제된 행위를 의미(Alschuler & Hattwick, 1947; Machover, 1949)

■ 짧고 비지속적인 선은 충동적이고 쉽게 흥분하는 성향을 의미(Alschuler & Hattwick, 1947; Machover, 1949)

■ 구멍을 내는 선은 강인함, 몰인정, 지나치게 골똘히 생각하는 성격을 의미(Koch, 1977; Riedel, 1988; Buck, 1948; Hamer, 1971; Jolles, 1964)

■ 매우 짧고 원형인 스케치 형식의 선들은 불안감, 불확실함, 우울, 소심함을 의미 (Buck, 1948; Hamer, 1971; Machover, 1949)

* 그러나 이 경우에는 학습된 것인지 확인이 필요하다. 그림의 기술적인 부분을 배우는 과정에서 자주 보이기 때문이다.

■ 음영을 넣거나, 검게 그려진 선들은 불안을 의미(Buck, 1948; Burns & Kaufman, 1970·1972; Hamer, 1971; Machover, 1949)

* 이 경우에는 학습된 것인지 확인이 필요.

■ 윤곽이 없이 문지른 선은 무의식에 사로잡혀 있거나 미비한 형상력을 지닌 경우를 의미(Koch, 1977; Riedel, 1988; Buck, 1948; Hamer, 1971; Jolles, 1964)

■ 필압이 넓은 선은 본능이 강하고 의지력이 강한 경우를 의미(Koch, 1977; Riedel,

1988; Buck, 1948)

- 부드러운 선은 감각적이고 본능적인 경향성을 의미(Koch, 1977; Riedel, 1988; Buck, 1948; Hamer, 1971)
- 필압이 증가하는 선은 스트레스가 많음을 의미(Buck, 1948; Hamer, 1971; Jolles, 1964)

3) 공간(위치)과 관련된 해석

공간 상징에 대한 연구는 많은 학자들에 의해 자양하게 개발되고 있어 치료사의 관점에 따라 적용도 다르다고 할 수 있다(정여주, 2003). 공간상징에 대한 이해는 환자(피검사자)들의 심리적, 정신적, 신체적 상태를 이해하는 데 많은 도움을 줄 수 있다(유미, 2007).

공간 위치에 따른 상징적 해석을 소개하면 다음과 같다.

(1) 화지의 중앙에 위치하도록 그리는 경우

- 보통의 안정적인 사람에게 가장 많이 보임. 모든 연령층에서 흔하게 나타남(Wolff, 1946)
- 종이의 정 가운데 그리는 것은 불안정성과 완고함(특히 인간관계에 대한 완고함)을 의미(Buck, 1948; Jolles, 1964; Machover, 1949)
- 히스테리성 정신질환자는 종이의 중앙에 인물화를 그리며 신체는 망가졌으나 머

라는 비교적 상세하게 그림(Machover, 1949)

(2) 화지의 상단에 위치하도록 그리는 경우

- 어려운 목표를 향해 열심히 노력하는 경우, 높은 수준의 열망을 의미(Buck, 1948; Jolles, 1964)
- 적절하지 못한 낙천주의를 가졌을 경우를 의미(Machover, 1949)
- 공상에 만족하거나, 자신의 존재가 불확실하여 공중에 떠 있는 상태 혹은 타인과 가까이하기 어려운 경우(김동연 외, 2002)

(3) 화지의 하단에 위치하도록 그리는 경우

- 불안전감, 위화감을 의미(Buck, 1948; Burns & Kaufman, 1970, 1972; Hamer, 1971; Jolles, 1964)
- 부적응의 느낌, 부적합한 감정의 경향성을 제시(Buck, 1948; Burns & Kaufman, 1970·1972; Hamer, 1971; Jolles, 1964)
- 우울감, 패배주의적 태도 혹은 그와 반대로 안정되고 침착한 경우도 있음(Buck, 1948; Hamer, 1971; Jolles, 1964; Machover, 1949)

(4) 화지의 좌측에 위치하도록 그리는 경우

■ 자의식이 강하고 내향적(Michel, 정여주, 2002 재인용)

■ 과거로의 퇴행 및 공상적 경향 혹은 여성적 경향을 의미(Jolles, 1964)

■ 충동적인 만족(Jolles, 1964)

(5) 화지의 우측에 위치하도록 그리는 경우

■ 미래지향적, 과도한 남성적인 특징 및 남성에 대한 동일시를 의미(김동연 외, 2002)

■ 지적인 만족을 나타냄(Jolles, 1964).

(6) 화지의 하단 가장자리에 위치하는 경우

■ 불안감과 낮은 자존감으로 인해 지지에 대한 욕구가 클 경우(Buck, 1948; Burns & Kaufman, 1970·1972; Hamer, 1971; Jolles, 1964)

■ 의존 경향과 독립된 행동에 대한 두려움(Hamer, 1971)

■ 새로운 경험에 대한 회피나 공상에 몰두하는 경우(Jolles, 1964)

■ 선이 약한 경우는 우울한 경향이 있음을 의미(Buck, 1948; Hamer, 1971; Jolles, 1964; Machover, 1949)

(7) 화지의 모서리에 위치하는 경우

■ 좌측 모서리에 그리는 경우는 강한 불안 및 새로운 일에 대한 회피와 퇴행(Jolles, 1964)

■ 모든 그림을 두 군데 이상의 모서리에 그리는 경우는 다음과 같은 경향성을 가진다.

−직접적인 교류나 참여 없이 수동적으로 관여하려는 경우(Burns & Kaufman, 1972)

−문제나 토론에 참여하지 않고, 더 친밀하고 깊은 수준으로 연관되는 것을 거부하는 방어적인 사람(Burns & Kaufman, 1972; Reynolds, 1978)

(8) 화지의 전체에 위치하는 경우

■ 산만하게 그려진 경우는 조증[2]일 경우가 많음

(9) 화지의 하단에서 절단된 경우(김동연 외, 2002)

■ 성격 통합에서 병적인 경우

■ 자주성에 대한 환경의 방해

■ 비행청소년의 그림에 자주 등장

2) 대개 조울증의 한 국면에서 드러나는 정신병리적 상태. 이 상태는 과도한 활력, 과잉활동, 편집증적 과대망상에서 흔히 보이는 팽창된 자존감에 의해 특징지어진다. 이에 처한 개인은 새로운 경험에 대한 갈망을 지니게 되며 '빠르게 말을 해야 하는 압력과 '사고의 비약'에서 드러난다(미국정신분석학회, 2002).

(10) 화지의 상단에서 절단된 경우

- 나무 그림에서 많이 보이며, 현실에서 만족감을 느끼지 못하고 공상을 통해 얻고
  자 하는 경우에 많이 보임(김동연 외, 2002: Jolles, 1964)

4) 그림의 크기

그림의 크기는 일반적으로 피검사자의 자존심, 자기 확대의 요구, 공상적인 자아에
대한 단서를 제공한다(김동연 외, 2002). 그러나 그림 해석에 있어서 이런 일반성을 일
괄적으로 적용하는 것은 그림을 판독하는 데 매우 위험하다. 그림의 크기는 필압 및
공간의 위치에 따라 그 해석이 변화될 수 있음에 주의하도록 한다. 일반적으로 그림의
크기에 대한 해석은 다음과 같다.

(1) 과도하게 큰 그림의 경우

- 호전적인 성향을 의미(Buck, 1948; Hamer, 1971; Jolles, 1964; Machover, 1949)
- 과장적인 경향성(Machover, 1949)
- 부적응에 의한 보상적인 방어(Buck, 1948; Hamer, 1971; Jolles, 1964; Machover,
  1949)
- 과도하게 활동적이거나, 감성적, 조증의 가능성이 있음(Dileo, 1973; Machover,
  1949)

(2) 과도하게 작은 그림의 경우

- 열등감을 지니거나, 환경에 부적응하는 경우(Buck, 1948; Burns & Kaufman, 1970·1972; Hamer, 1971; Machover, 1949)
- 구속감, 소심함, 수줍음을 잘 타는 사람들에게서 보이는 철회의 경향(Alschuler & Hattwick, 1947; Burns & Kaufman, 1972)
- 불안전감(Alschuler & Hattwick, 1947; Buck, 1948; Burns & Kaufman, 1972)
- 우울증 경향의 가능성(Machover, 1949)
- 허약한 자아를 의미(Hamer, 197; Machover, 1949)
- 화지의 상단 부분에 위치하는 경우는 낮은 에너지 수준, 내적인 통찰의 부재, 정당화되지 않는 낙천주의를 의미(Machover, 1949)

5) 색에 관한 해석

색채는 인간의 감정과 정서에 많은 영향을 주며, 우리의 실생활과 많은 관계를 맺고 있다. 개인이 선택하는 색채는 그 개인의 특성, 경험, 감정 등을 반영하기도 하고 개인이 생활하고 있는 시대, 문화, 사회적 특성을 알 수 있게 한다(유미, 2007)

각각의 색이 주는 고유한 상징성은 인간이 오랫동안 자연을 통하여 체험하게 된 원형적 근거를 이루고 있으며(Muths, 1998; 정여주, 2003 재인용), 미술치료에서는 색의 일반적인 상징과 심리적 진단 및 치료로서의 적용 가능성을 다루고 있다. 그러나 개인이 체험한 색은 일반적인 상징성과는 다른 의미를 가지고 있다는 것을 간과해서는 안

된다. 즉 그림의 주제와 환자(내담자)의 상태 그리고 환자(내담자)의 생활환경에 따라 색이 갖는 의미는 다르게 해석될 것이다.

미술치료에서 가장 중요한 것은 인간의 삶에서 필수적 요소인 빛 에너지를 통하여 경험하게 되는 색을 다양하고 균형 있게 사용하는 것으로, 어떤 사람이 한 색만을 너무 오랫동안 사용하는 것은 균형을 이루지 못하는 삶을 살고 있다는 것을 의미하기도 한다(정여주, 2003). 이런 관점에서 색이 주는 상징적 의미를 고려하는 것은 미술치료에서 색채를 진단적으로 혹은 치료적으로 활용하는 데 매우 중요하다 할 수 있다.

다음에서는 각 색이 갖는 상징 및 심리적 작용과 선호와 기피의 성향 그리고 치료적 개입효과에 대해 살펴보고자 한다.

① 색이 갖는 상징 및 심리적 작용과 치료적 개입효과

<표 2> 색이 갖는 상징 및 심리적 작용과 치료적 개입효과(유미, 2007)

색명	색의 연상		색의 상징	심리적 작용	치료적 개입효과
	긍정적 의미	부정적 의미			
빨간색	행복, 강인함, 역동성, 낙관주의, 생동력	폭발성, 죽음, 전쟁, 마, 피, 고통, 공격성, 지배성, 부끄러움, 위험성	열정, 활력, 행운, 에너지, 확장, 사랑, 에로스, 불, 헌신, 피, 범죄, 분노, 용기, 정지신호	온기, 생기, 맥박과 호흡증가, 식욕증가, 운동성 증가, 충동적, 활기	부부관계 및 성문제가 있는 사람, 무감각하거나 냉정한 사람, 활동에 대한 동기 유발
파란색	고요, 안정성, 평안, 온건, 신뢰감	놀람, 우울, 차가움, 침체, 황폐	영원성, 진실, 용기, 낭만, 순수, 초현실, 비참함, 초월, 영원한 삶	내향성, 편안, 안정, 동경, 우울, 조용, 강한 잠재력	피로나 이완이 필요한 사람, 인내심, 문제의 해결

색명	색의 연상		색의 상징	심리적 작용	치료적 개입효과
	긍정적 의미	부정적 의미			
노란색	희망, 순수, 기대, 기쁨, 행복, 맑음, 개나리, 병아리, 밝음, 봄	질투, 외로움, 연약함, 적대적 행위, 유아적 행동	태양, 영웅, 지성, 사랑, 관대, 불변, 부와 권력, 풍요, 우울, 가을, 무기력, 소망, 혁신, 배신	생동감, 명랑함, 자유로움, 유머감각, 자기중심적, 참을성이 적음, 센고집, 완고, 강제적, 우쭐	활기와 정서적 안정, 좌뇌를 자극하여 지적인 일에 도움이 됨. 긍정적 에너지, 정보기억력, 고집이 센 사람이나 집착이 강한 사람에게 사용
녹색	위로, 치료, 평화, 시원, 청순, 안전, 희망	이기심, 질투, 게으름, 우울, 공포	새로운 생명, 즐거움, 신세대, 봄, 기쁨, 희망, 불명성, 평화, 자유정신, 행운, 개혁, 부흥	조화, 균형, 인정, 신선하고 평화로움, 확실성과 인내성 및 균형과 평형	심신의 균형과 조화, 약화된 시력보강, 불안증, 현실성과 지구력이 약한 사람, 분열된 사람, 운동성이 강한 사람에게 효과적
주황색	원기, 활력, 희열, 유쾌, 명랑, 가을, 태양, 오렌지, 노을, 사랑	천박, 사치, 경박함, 화려함, 요란함	힘, 인내, 따뜻함, 환기, 생명력, 약진, 거부당함, 버림받음, 혼돈, 외향적, 사랑, 자비, 용기, 호기심	명랑한 효과 흥분, 편안함, 갈등이완, 성취에 대한 노력과 추구 불안 및 경계의 의미	침울, 우울, 무기력, 무감각한 사람, 도피적, 불분명한 사람에게 효과적
분홍색	우아, 기품, 사랑스런, 부드러운, 청춘, 소녀, 귀여운, 벚꽃	나약한, 유아적인, 유치한	열반의 꽃, 성스러움의 꽃, 천상의 색, 여성, 부활, 사랑, 행복, 달콤	쾌감과 고통, 부드럽고 섬세함	생동감과 활기를 잃은 사람, 편안하게 쉴 여유가 없는 사람, 스트레스가 많은 사람에게 효과적
보라색	고귀, 신비, 부드러움, 신성함	불만, 질투, 광기, 공포	고귀함, 신성함, 신비, 치유력, 분노, 균형에 대한 욕구, 슬픔, 고통, 참회, 단식	창의적, 불안정 직관적 감각적 이해 미결정 및 미분화	평온, 평정을 줌 의기소침, 우울증, 감정의 기복이 심한 사람에게 효과적
갈색	풍요로운 들판, 대지, 가을, 대변, 흙, 안정감	건조함, 쇠퇴, 외로움, 쓸쓸함, 불경기	항문기, 불굴의 정신, 안정감, 풍요로움	수용적이며 수동적, 자기주장 관찰력, 심리적 저항, 충동성 완화	강박증, 신경과 감정이 양극화되어 있는 사람, 피상적인 사람, 우울함, 췌장에 문제가 있는 사람 등에게 효과적

색명	색의 연상		색의 상징	심리적 작용	치료적 개입효과
	긍정적 의미	부정적 의미			
흰색	구름, 흰옷, 간호원, 신부, 국화, 웨딩드레스, 의사, 병원	뼈, 항복, 실패, 재, 냉기, 차가움, 단순함, 허무함	빛, 성스러움, 순수, 청결, 평화, 허무, 정숙, 결백, 공간, 자유, 신선함, 소박함, 숭고함, 희망	개방과 자유, 내적 정화작용, 신선하고 솔직함	청렴, 수렴
검은색	밤, 눈동자, 피아노, 석유, 머리카락	탄 것, 죽음, 그림자, 미구릅, 연기, 상복	절망, 두려움, 고통, 슬픔, 불안, 우울, 공포, 악, 범죄, 부전, 죄, 침묵, 후회, 의지, 냉담, 정숙, 고생	자기방어, 자극적 영향 억제 항의, 폐쇄적, 포기 우울성향, 통제된 욕구, 지적 능력	잘 권장되지 않는다. 한국의 문화-정신을 깨고, 통일하며 마음의 안정을 준다.

② 색에 따른 선호와 기피의 성향

〈표 3〉 색에 따른 선호와 기피의 성향 참조(정여주, 2003)

	선호하는 경우의 성향	기피하는 경우의 성향
빨간색	· 에너지가 넘치는 아이들 · 외향적, 역동적, 단정적, 충동적 · 낙천적, 자발적 혹은 냉혹, 탐욕적 · 신체적 활동, 모험, 운동을 좋아함 · 성급, 불안정, 공격적, 단순함 · 자신의 실패를 타인에게 돌리는 경향	· 모성관계에 대한 부담 · 생각이 많은 사람 · 움츠리거나 냉담한 사람
파란색	· 의무를 잘 지키고 양심적, 인습적 · 집단생활을 잘하며 신의가 있음 · 감성풍부, 지혜, 자기통제를 잘함 · 애정이 많고 감성적 · 걱정을 너무 많이 하는 경향 · 너무 집착하는 경우-완고, 엄격, 독선, 과거 지향적, 자기비판결여	· 식과 신뢰에 대한 욕구가 충족되지 않은 상태

	선호하는 경우의 성향	기피하는 경우의 성향
노란색	· 다방면에 관심 · 변화를 필요로 하며, 새로운 생활에 대한 기대(지적 모험심과 자기 성취를 찾음) · 철학적이고 종교와 세계관에 관심이 많음 · 미래지향적, 행복에 대한 희망 · 정신분열증환자들이 선호하는 색	· 자신만의 생각, 느낌에 대한 불안 · 상투적인 것에 대한 두려움 · 기대상황을 이루지 못할 때, 허무와 소외감이 많이 들 때 노랑을 기피함
녹색	· 집단에서 지도자 역할 · 겸손, 참을성, 유순, 성실 · 책임감, 교양 있고, 명성을 가지고 있는 사람이 많음 · 수용적, 융통성, 자기 통제력 있음 · 솔직, 집단생활을 잘하고, 개방적 · 녹색만 고집하는 사람 ─ 무의식적 불안에 시달리는 사람	· 전나무색의 기피 ─ 한결같지만 반대에 부딪히면 저항력을 잃고 긴장에 시달리는 경향
주황색	· 교우 관계가 좋고, 사람에게 적응 · 높은 포부, 집단활동을 좋아함 · 명랑, 예의바름, 사회적 인기 높음 · 성공에 대한 열망 · 사랑스럽고 단순한 것을 즐기며, 일에 대한 논리적이고 지적인 처리	· 빨간색과 같으며, 주황색을 선호하는 사람과 반대되는 경우가 많음
분홍색	· 특별한 대우와 보호된 삶을 원함 · 애정과 사람이 필요한 사람 · 너무 많이 선호하는 경우 ─ 환상 속에 사는 경향	· 강한 거부 ─ 정서적으로 부드럽고 섬세하고 귀여운 것에 대한 평가를 절하한다는 표현이며, 분홍이 촌스럽고 약해 보인다고 하며, 그 색이 좋을 경우 자신의 약함을 인정하거나 그렇게 될 수 있다고 생각하여 기피하는 경우가 많음
보라색	· 타인에게 일반사람과 다르게 인식되고자 하는 경향 · 공생과 융합에 대한 동경 · 신비주의적 집단이나 종교영역에 관심 · 최상의 취향과 고상 · 문화적인 것에 대한 관심, 예술적 재능 보유 · 오만하거나 여성성 강조, 허영심	· 타인과 융화하고자 하는 동경을 억누르는 경향(타인과 융화를 이루기 위한 조건이 이루어지지 못함)

	선호하는 경우의 성향	기피하는 경우의 성향
갈색	· 말 없음, 책임완수 · 운동성이 적으며 적응 능력 결여 · 포근함과 감각적 만족에 대한 욕구가 높음 · 갈색옷의 선호−감각적이고 성적인 부분과 관련이 많음 · 갈색만을 고집하는 경우−묵직, 답답, 비행 동적, 개성이 약함, 나태한 경향	· 신체감각이 강하지 못함 · 편안함이 거부되었음을 의미
흰색	· 내면으로부터 자신을 숨김 · 종교집단에서의 선호는 순수함과 단순한 종교생활에의 욕구 · 그렇지 않을 경우 미성숙, 완벽주의 경향성, 실천 불가능한 생각을 하고 있음	· 흰색을 사용하지 않는 경우−아동의 경우 지우개와 같은 의미
검은색	· 반항적 항의, 포기를 잘하여 운명에 맡기는 사람 · 검정 옷을 즐기는 사람−자신이 교양 있고, 흥미로운 사람이라는 인상을 주고 싶어 함 · 검정 옷만 입는 사람−내면의 소원과 욕구를 감추는 사람 · 억제, 불안, 슬픔, 분노 · 신체에 사용−그 부분의 기능상 문제나 장애가 있음(손−소유개념 희박 및 도벽/다리−성에 대한 금기 및 성적 행위에 대한 양심적 가책)	· 어떤 것에 포기하지 않음(포기는 결핍과 불안을 주는 손실을 의미하는데, 반면에 어떤 것을 포기할 수 없으므로, 과도한 요구를 부과할 위험이 있다)

PART 05
물고기 가족화의 유형별 해석

물고기 가족화의 유형별 해석

1. 가족과 갈등을 겪는 아동의 물고기 가족화

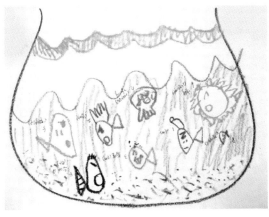

그림 1) 여/12세

초등학교 6학년 여아의 물고기 가족화이다. 이 아동은 부모님이 남동생에게만 관심을 갖는다는 생각에 늘 스트레스를 받고 있다. 이는 우리나라처럼 가부장적이고 남아선호사

상이 강한 문화권에서 자주 보이는 특징이다.

아동은 자신을 소리 지르고 있는 검정 물고기로 표현함으로써 자신이 가지고 있는 가족에 대한 분노를 표현하였는데, 자신만이 가족과 반대방향으로 대항하듯 그려진 것은 이러한 심리적 원인에서 기인한 것으로 생각된다. 특히 붉은색으로 그려진 엄마 물고기와는 대립관계에 있는 것으로 보인다.

또한 가족 물고기는 서로 공통적으로 그려진 특징들이 전혀 보이지 않고, 가족구성 원으로서의 상호작용도 보이지 않으며 가족 외의 물고기들이 많이 등장하여 가족들 에서만 만족할 수 없는 아동의 마음이 표현되었다(때로는 이러한 표현이 대인관계에 대한 많은 관심을 의미하기도 한다).

그림 2) 남/7세

초등학교 1학년 남아의 물고기 가족화이다. 아동이 그린 가족 물고기는 모두 날카로운 이를 드러내고 있는 공격적인 형태를 그림으로써, 아동이 느끼는 가족 간의 대립을 상징적으로 표현하고 있다(이는 아동기에 가진 공격성향를 내포하기도 한다).

특히 동생물고기(중앙의 연두색 불고기) 어항의 중심부에 그려진 것은 어린 동생에 대한 부모님의 관심이 크다고 생각하고 있는 아동의 마음이 표현된 것으로 보인다. 이와 더불어 자신을 가족 중에서 가장 크게 그린 것은(우측하단의 물고기) 부모님의 관심을 받고자 하는 아동의 무의식적 소망이 나타난 것으로 해석된다. 아이들이 부모보다 크게 그려진 것은 가족이 아이들 중심으로 이루어지는 데서 기인하는 것으로 해석할 수 있다.

아동의 그림에는 동생에 대한 양가감정이 드러난다. 부모의 사랑을 뺏은 것만 같은 동생에 대한 미움은 있지만, 때로는 친구처럼 함께 놀 수 있는 동생이 있어 외롭지는 않기 때문이다. 동생물고기를 자신과 비슷한 형태의 물고기로 표현한 점과, 함께 나란히 그린 것은 이러한 아동의 마음을 잘 드러내고 있다.

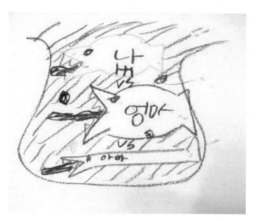

그림 3) 여/12세

초등학교 6학년 여아의 물고기 가족화이다. 여아의 아버지는 직장관계로 일주일에 하루 정도만 가족들과 생활하고 있다. 아빠 물고기만이 다르게 표현된 점과 어항 하단에 그려진 것은 이러한 생활환경에서 기인한 것으로 생각된다.

그림은 각 물고기 사이에 VS(versus)를 표기함으로써 가족 간의 대립을 구체적으로 표현하고 있다. 자신을 어항의 가장 상단에 첫 번째로 그린 것은 독자로서 주목받는 자신의 현재 모습을 나타낸 것으로 해석할 수 있다.

다른 가족들과는 다르게 가족구성원이 함께하는 생활을 하지 못하는 점은 이 가족의 가장 큰 스트레스로 보이는데, 이로 인해 늘 엄마와 단둘이 생활하여야만 하는 아동은 자신의 갈등을 함께 의논할 만한 대상이 없는 듯하다.

어항에 비해 지나치게 크게 그려진 물고기, 거칠고 날카로운 선의 표현은 다소 산만하고 충동적인 모습으로 느껴지며, 남성적인 성향이 뚜렷이 관찰된다.

그림 4) 여/14세

중학교 2학년 여학생이 그린 물고기 가족화. 가족물고기는 각기 다른 모습으로 그려져 있어 공통된 부분을 찾을 수 없다.

피검사자는 자신의 물고기를 어항 밖에 그려 가족과 분리시킴으로써 가족과의 관계가 원만하지 않음을 표현하고 있다. 성난 아버지 물고기의 모습과 어항 밑바닥에 수초와 함께 가둬 그려진 남동생의 모습에서 엄한 아버지, 남동생에 대한 생각(이 여학생은 남동생이 누나인 자신보다 부모의 관심과 사랑을 받고 있다고 생각하고 있다)을 읽을 수 있다.

꽃처럼 예쁘게 그려진 어머니 물고기는 어머니가 이 여학생에게 심리적으로 가장 가까운 존재임을 알 수 있게 한다. 밖에 그려진 자신의 물고기와 더불어 보라색의 친구물고기들이 함께 표현된 것은 가족보다는 오히려 친구들과 함께하는 시간이 더 즐거운 사춘기 학생들에게 자주 보이는 모습이기도 하며, 대인관계에 대한 관심을 나타낸다.

어항 속에 물이 가득한데도 불구하고 어항 밖에도 물이 넘치는 것은 욕구분출에 대한 해소로 해석할 수 있다. 어항 밖 꽃병은 피검사자가 가지는 여성성 혹은 사춘기에 나타나는 감성적인 표상으로 보인다.

그림 5) 남/11세

초등학교 5학년 남아의 물고기 가족화. 누나물고기를 제일 먼저 그림으로(맨 좌측) 가족 안에서 누나가 중요하게 자리하고 있음을 볼 수 있다. 이는 꼬리부분의 독특한 표현에서도 알 수 있다. 오른쪽에는 아버지, 어머니 물고기가 입을 크게 벌리고 싸우는 모습이 보인다. 아빠와 엄마 두 사람의 관계가 그리 원만해 보이지 않는다. 또한 자신의 물고기는 누나물고기에 대해 공격적인 형태를 취하고 있는데, 누나 물고기는 성난 모습이 아니라 오히려 약을 올리는 모습으로 표현되었다(누나 물고기 뒤의 물살이 아동의 물고기로 향함은 누나에게서 받는 아동의 스트레스를 상징적으로 표현하고 있다). 아동에게 비춰지는 누나의 모습인 듯하다.

아동은 자신을 중앙에 그려 가족 안에서 주목받고자 하는 마음을 나타냄과 동시에 어항 밖에서 물고기 밥을 주는 사람의 손을 강조하고, 그 먹이가 자신에게 집중되게 그림으로써 채워지지 않는 자신의 욕구 및 보살핌, 애정에 대한 갈망을 상징적으로 표현하고 있다.

그림은 전체적으로 높은 완성도를 보이고 있으며 물고기와 어항 내부의 표현력이 뛰어난 점으로 아동이 높은 에너지를 지니고 있음을 알 수 있다.

그림 6) 여/18세

고3 여학생의 물고기 가족화. 이 물고기 가족화는 가족 구성원의 방향이 특징적인데, 아빠(좌측하단의 보라색 물고기)와 엄마(좌측 상단의 분홍색물고기)는 왼쪽으로 같은 방향을 보고 있으나 자신(우측 하단의 주황색물고기)과 여동생(우측 상단의 연두색 물고기)과는 서로 다른 방향으로 향하고 있어 부모와 자매들과의 관계가 원만하지 않음을 표현하고 있다.

수면부분에 물방울이 여러 개가 그려져 있고 물 안에도 가득 차 있으며. 어항의 물도 그리 많지 않아서 어항 속은 답답하게만 느껴진다. 이는 정서적 안정감의 부족으로 보인다. 그린 순서는 아빠, 엄마, '나', 동생 순으로 그려 일반적인 가족 간의 서열을 나타내고 있다.

피검사자는 여동생과 자신을 방향이 같게 그렸지만 둘 간의 유대감이 드러나 보이지 않으며, 모두 눈을 감고 있는 모습으로 표현하였는데, 이는 현실과 직면하기 싫은 마음을 표현한 것으로, 고3이라는 현실에 비례하는 것으로 해석할 수 있겠다. 동생이 수면 쪽으로 얼굴을 내미는 모습은 어떤 갈등을 겪고 있으나 해결하기 어려워서 출구를 찾고 있는 것으로 해석된다.

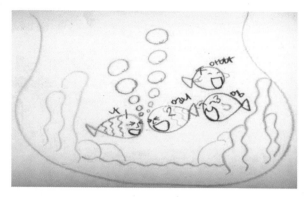

그림 7) 여/18세

　고3 여학생의 그림이다. 어항 윗부분의 수면과 수초가 자라는 지면이 생략되어 있다(이
경우 어항 상단까지 수면으로 본다). 자신의 물고기를 제일 먼저 그렸으며, 언니, 엄마, 아
빠의 순으로 그린 것으로 가족 내의 중심이 아이들 위주로 이루어지는 것으로 해석할 수
있다(일반적으로 물고기의 크기는 심리에 비례하는 것으로 대부분의 피검사자는 부모의 물
고기를 크게 그리는 데 반해 이 여학생의 가족물고기들은 표현 정도나 크기가 모두 같다).

　또한 자신을 먼저 표현한 것은 가족에게 주목받고자 하는 마음을 나타낸 것으로 보인다.

　가족은 모두 방향이 다르게 표현되어 있어 그다지 역동성이 보이지 않는다. 자신과 언니
가 마주보고 있으나 눈을 찡그린 표정으로 그렸으며, 엄마, 아빠의 표정은 웃고 있지만 서
로 동일선상에 있지 않고 반대방향을 향하고 있다. 언니와 자신 사이에만 물방울이 크게
강조되어 그려져 있는 것은 서로 간의 풀리지 않는 지속적인 갈등을 나타낸 것으로 해석된다.

　물고기 가족화는 언니와 자신, 아빠와 엄마 간의 원만하지 않은 관계를 드러낸 것으로
보인다.

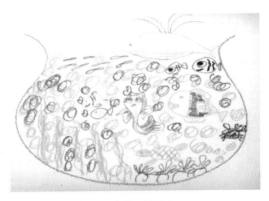

그림 8) 여/17세

　고2 여학생의 물고기 가족화. 어항 가득히 물고기와 다른 동물, 수초를 그려 넣어 어항 속이 답답하게만 느껴진다. 이 물고기 가족화에서 가장 눈에 띄는 것은 어항 중심에 위치한 엄마물고기와 그 옆의 아빠 물고기이다(중앙의 연보라색 물고기와 그 우측의 물고기). 두 물고기 얼굴 위에 모두 하트가 그려져 있음에도 불구하고 엄마물고기는 큰 눈을 위로 뜨며 뭔가 불안한 모습이고, 아빠 물고기는 입 안 가득히 날카로운 이를 품고 있다. 아빠 물고기만 유일하게 비늘을 여러 가지 색으로 채색한 것은 매우 개성이 강하고 가족 내에서 가장 큰 힘을 가진 것으로 해석되며, 엄마를 사이에 두고 작게 그려진 자신과 동생은 아빠로부터 숨고 싶은 의도를 나타낸다. 중앙에 그려진 엄마물고기는 엄마에 대한 긍정적인 관심의 표현으로 보인다.

　어항 수면 위의 고래 한 마리는 오빠인데, 크기는 가장 크지만 약한 필압으로 그렸고 위로 물을 뿜는 것으로 보아 이러한 가정 내의 상황에 도움이 되지 못하는 오빠의 답답함을 나타낸 것으로 보이며, 그 이외에 아랫부분에 거북이, 오른쪽 구석에 꽃게, 고래 아래에 물고기 두 마리를 그려서 가족이 아닌 다른 존재로부터 어떤 지원을 받고자 하는 의도 혹은 대인관계에 대한 많은 관심을 그려내고 있다.

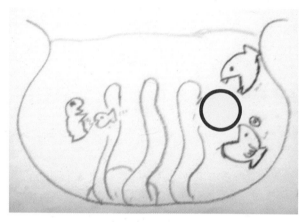

그림 9) 남/11세

　초등학교 5학년 남아의 물고기 가족화이다. 이 물고기 가족화는 엄마를 두 가지 존재로 표현한 것이 특징이다. 가장 처음에 그린 엄마물고기는 오른쪽 위에 이가 드러나고 위로부터 바로 공격할 자세를 갖춘 물고기이고, 두 번째 그린 엄마는 그 아래에 이가 없고 머리 윗부분에 동그라미를 그린 천사물고기이다. 이 현상은 자아방어기재 중에서 undoing(취소)[3]으로서 엄마를 공격적인 대상으로 표현했다가 미안한 마음으로 다시 수정하여 착한 대상으로 나타내었다.

　아동은 엄마가 매일 아빠에게 잔소리를 하기 때문에 아빠가 투명인간이 되어 엄마 눈에 띄지 않았으면 좋겠다고 말하며 아빠 물고기(흰색으로 그려 보이지 않아서 붉은 원으로 위치를 표시하였다)를 흰색 크레파스로 표현하고 있는데, 이로써 엄마가 가족 내에서 가장 힘 있는 존재임을 알 수 있다. 또한 아동은 어항의 좌측에 자신의 물고기가 동생물고기의

---

3) undoing(취소): 의례행동을 통해서 공격적인 행동을 제거하거나 자신의 행동에 대한 책임을 면제받고자 하는 행위 (Gerald Corey, 2001). 고리대금업자가 종교단체에 기부하는 행위, 아이를 심하게 나무란 뒤 장난감을 사 주는 행위 등이 그 예라고 할 수 있다.

배를 공격하는 장면을 표현했는데 엄마에게 발산하지 못하는 자신의 감정을 자신보다 약한 동생에게 표현하는 것으로 분석된다.[4]

---

4) 이를 치환이라고 하는데, 치환(displacement)은 자신의 충동이나 욕구를 원래 불러일으킨 대상에게 해소할 수 없을 때 그 대상보다 더 '안전한 상대'에게로 이동시켜서 그 충동을 해소하는 것을 말한다(조현중, 조춘제 역, 2001).

그림 10) 남/8세

초등학교 2학년 남아의 물고기 가족화. 그린 순서는 막내 동생, 그 위의 동생, 아빠, 자신, 엄마, 삼촌, 할머니로 가족 내에서 아동이 가장 중요하게 생각하는 대상이 동생들임을 알 수 있다.

어항의 맨 우측에 빨간색으로 그려진 아빠상어는, 이가 날카롭게 그려져 있고, 다른 가족물고기와는 달리 힘센 모습으로 표현되어 집안 내에서 무서운 존재로 있음을 암시한다 (가족 안에서 상호작용이 원활하지 못할 것으로 추측된다).

자신이라고 표현한 거북이(중앙의 붉은색 거북이)의 눈이 비정상적으로 큰 것은 아빠상어를 의식하여 불안감을 나타낸 것으로 보이며, 함께 살고 있지 않은 물고기를(삼촌, 할머니) 어항 속에 그린 점에서 현실의 상황에 만족스럽지 못함을 드러내고 있다.

아동은 중앙에 그린 거북이 두 마리(위에서부터 각각 엄마, 나)와 파란 물고기(할머니)는 아빠물고기로부터 동생 물고기들을 분리시키고 있는데, 이는 무서운 아버지로부터 동생들을 보호하기 위한 것으로 해석된다. 그런 이유에서인지 동생물고기들은(좌측의 노란색 물고기) 아빠 물고기와는 다른 방향으로 그려져 있다. 엄마와 자신만이 똑같이 거북이로 표현된 것은 엄마와의 심리적 거리가 가까움을 나타내 준다.

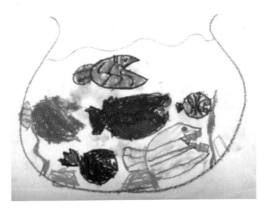

그림 11) 남/11세

초등학교 3학년 남아의 물고기 가족화. 전체적인 느낌이 불안정하고 채색도 무척 강하다. 중앙에 위치해 있고 빨간색으로 채색한 물고기가 아빠 물고기이고, 그 앞에 동생, 아빠 위에 엄마, 아빠 아래에는 할아버지, 아빠 뒤에 할머니, 그 아랫부분에 자신을 그렸다.

다른 물고기에 비해 중앙에 강하게 그려진 아빠 물고기는 집안 내에서 가장 큰 영향력을 행사할 것으로 생각된다.

엄마와 할머니를 제외한 모든 물고기의 이가 입 안 가득히 그려져 있는 것으로 보아 할아버지가 같이 계신 것과 관련하여 가부장적인 분위기로 인해 여자인 엄마와 할머니는 이가 없고 남자 물고기의 입에만 이를 그려, 이가 남성적인 힘의 과시를 표현한 것으로 분석된다.

어항 속 가족 물고기들 사이는 큰 역동성이 보이지 않는다. 아동은 가족 내에서 쌓인 불만에 대한 감정의 표출로 가족을 공격적 대상으로 그려낸 것으로 보인다.

그림 12) 남/11세

초등학교 5학년 남아의 물고기 가족화. 그림의 필압이 낮고 어항의 크기에 비해 물고기의 크기가 매우 작은 것으로 소심하고 자신감이 없음을 알 수 있다.

좌측의 위에 그린 물고기가 아빠, 아래에 그린 물고기가 엄마인데, 두 물고기 모두 다 날카로운 이가 드러나 있으며, 자신과 형이 뒤에서 따라가고 있는 모습을 그리고 있어, 부모님의 양육태도가 매우 엄하거나 통제적인 것으로 해석할 수 있겠다.

어항의 곳곳에는 물의 흐름을 표현했는데 연결성이 없으며 자신과 형 사이에 친구물고기(초록물고기)를 그려 형과 자신과 분리시킨 것은 형과의 관계조차도 원만하지 않는 것으로 해석된다. 친구 물고기의 등장은 현 상황의 어려움을 극복하기 위해 타인의 힘을 빌리고자 하는 의도를 드러내고 있다.

그림은 전체적으로 힘없이 그려져 있지만, 물고기 각각의 표현 정도와 채색의 다양성은 아동이 가진 에너지와 가족에 대한 관심을 보여 준다. 그리고 이런 표현에서 아동이 가진 여성적 성향을 읽어낼 수 있다.

그림 13) 여/18세

고등학교 3학년 여학생의 이 물고기 가족화는 위협적인 상황에서 보호받고 싶어 하며 그 상황을 회피하고자 하는 의도를 보이고 있다. 좌측의 큰 상어가 아빠, 그 아래에 있는 붉은 물고기가 엄마이다. 아빠 물고기는 입을 크게 벌리고 매우 위협적으로 이를 드러내고 있으며 눈도 부드럽지 않아 현재 여학생과 아빠의 심리적 관계가 원만하지 못함을 알 수 있다.

엄마물고기의 입은 수줍은 표정으로 웃고 있어 여성성이 강조되어 있는데 이는 실재와 비례하는 표현으로 보인다(피검사자의 기술에 따르는). 그러나 엄마물고기가 아빠 물고기의 바로 밑에 위치하고 자신과 마주보는 대립관계구도로 위치해 있으며 나약하게 그려진 것은 피검사자의 입장을 이해하고 도와줄 수 없는 아빠와 같은 존재로 인식하고 있다는 사실을 의미한다.

그래서인지 우측에 노란색으로 희미하게 그린 자신물고기는 아빠, 엄마 물고기와 마주보는 위치에 있으며, 중앙의 수초로 분리시켜 놓고 있어서 부모님과 심리적으로 멀게만 느껴진다. 자신의 물고기는 숨을 크게 내뿜고는 있지만 벗어날 수가 없는 답답함을 수면 위의 물방울과 산소기로 해소해 보고자 시도하고 있다.

수면 위에서 요동치는 물결들은 피검사자가 가진 욕구에 대한 표출로 해석된다.

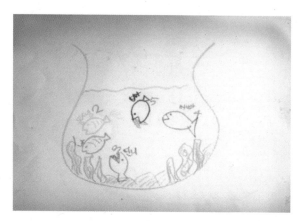

그림 14) 여/18세

    고등학교 3학년 여학생의 물고기 가족화. 이 그림이 그려진 순서는 '나', 동생, 언니, 아빠, 엄마인데, 자신(좌측의 연두색 물고기)을 먼저 그린 것은 자기애적 성향이나 자신이 주목받고자 하는 바람에서 나타났다기보다는 고3의 특성상 가족 내의 관심 등이 자신에게 집중되어 표현된 것으로 해석된다(자신의 물고기 위치가 중앙이 아닌 맨 좌측에 그려진 것은 이를 뒷받침해 준다).

    이 그림의 특징은 피검사자와 언니와의 갈등이 뚜렷하게 표현되고 있는 것으로(어항 하단에서 위를 향하고 있고 입 안에 날카로운 이를 드러낸 물고기가 언니이다), 자신과 동생 쪽으로 언니 물고기가 이를 보이는 것은 언니를 공격적인 대상으로 표현한 것으로, 언니에 대한 피해의식 혹은 간섭하거나 억제로 인해 서로 불편함을 나타낸 것으로 보인다.

    전체적으로 이 물고기 가족은 서로 다른 방향으로 향하고 있으며, 물고기 간의 밀착이 보이지 않아 가족 안에서의 역동성을 느낄 수 없다. 엄마와 아빠 물고기가 가장 마지막에 그려진 것도 주목할 만한 점이다. 가족 내에서 부모는 아이들과 심리적으로 가깝지 않음으로 해석할 수 있다.

2. 자신을 표현하지 않은 물고기 가족화

그림 15) 여/12세

사촌동생들과 함께 살고 있는 초등학교 6학년 여아의 그림. 아동은 자신을 그리고 싶지 않다고 말했다. 부모의 불화로 엄마, 아빠는 별거상태에 있으며, 엄마와 함께 이모의 집에서 살고 있다.

직장을 다녀서 늘 함께할 수 없는 엄마, 아빠의 빈자리, 여기에서 기인한 소외감과 위축감은 여아에게 자신감뿐만 아니라 이제는 자신의 존재감마저 상실해 가고 있다.

또한 사촌형제들과 함께 생활하는 데서 오는 갈등이 여아에게는 무척 힘들어 보였다(이는 여아의 기술에 의해 이루어졌음).

그림은 채색된 부분 없이 선으로만 그려져 있어 큰 에너지를 찾아볼 수는 없지만 함께 살고 있는 가족 물고기들이 각기 다른 색으로 그려진 점, 필압이 비교적 안정적으로 나타난 점 등으로 보아 현재 함께 살고 있는 가족에 대한 애정과 여아가 가진 최소한의 에너지를 느낄 수 있게 한다.

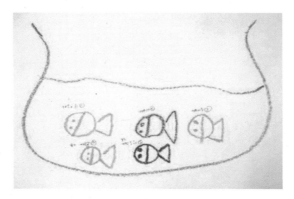

그림 16) 여/7세

초등학교 1학년 여아의 물고기 가족화. 어머니의 반복된 가출로 아버지와 둘이 살다가 현재는 큰어머니, 큰아버지, 사촌오빠 두 사람과 함께 살고 있다. 여아의 아버지는 직장관계로 멀리 떨어져 있어 주말에만 만나고 있다. 아버지마저 계시지 않는 큰집과 홀로 된 자신, 그래선지 여아는 어항 속에 자신을 그리지 않고 있다. 그리고 싶지 않다고 말했다.

여아는 엄마역할을 대신해 주는 큰어머니를 제일 먼저 표현하고 두 번째로 아버지를 중앙에 그림으로써 자신이 중요하게 생각하는 대상이 아버지와 큰어머니임을 나타내고 있다.

어항 속에는 물이 1/2밖에 차지하고 있지 않아 여아가 가진 정서적 결핍을 반영해 주고 있으며, 물고기 외에 아무것도 존재하지 않아 아동이 가지는 욕구와 에너지가 미약함을 보여 준다.

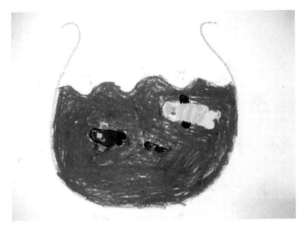

그림 17) 남/5세

5세 아동이 그린 물고기 가족화이다. 아동은 자신을 표현하지 않고 엄마 배 속에 있는 동생의 물고기를 중앙에 그려 넣었다. 아직 태어나지도 않은 동생에 대한 심리적 압박감을 보여 준다. 아동은 이미 자신보다 태어날 동생이 자신보다 가족에게 사랑받는다는 생각에 걱정을 하고 있는 것 같다. 이런 유형의 그림은 어머니의 배가 점점 불러오면서 아이를 돌보기 점점 힘들어지는 시기에 많이 등장한다.

그림의 내용은 그리 많지는 않지만, 지면을 차지하는 채색의 정도는 높음을 알 수 있는데, 이처럼 소근육 발달이 잘 이루어지지 않는 시기에 어항의 물을 빽빽하게 채색한 점은 완벽하려는 강박적 태도 혹은 양육자의 지나친 교육 등으로 해석할 수 있다. 아빠물고기(우측의 노란색 물고기), 엄마물고기(좌측의 붉은 물고기), 아기물고기(중앙의 작은 물고기)의 크기 차이에서 아동이 느끼는 가족 간의 서열(중요도)을 알 수 있다(아기 물고기가 아주 작게 표현된 것은 작고 여려서 보살펴야 하는, 즉 부모의 관심과 사랑을 받는 존재로 표현된 것으로 보인다).

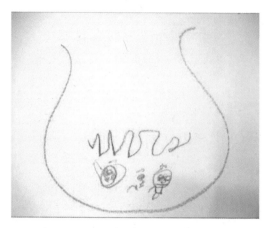

그림 18) 여/5세

5세 여아의 물고기 가족화. 앞 사례(그림 17)에서처럼 자신의 물고기를 제외시키고 아빠, 엄마물고기와 배 속에 있는 동생 물고기만을 그렸다. (그림 17)과의 차이점은 배 속의 아기를 제일 먼저 그렸다는 점이다. 배 속의 아이는 남자아이로 아들을 기다렸던 여아의 아버지는 입버릇처럼 "넌 이제부터 찬밥이다"라는 말을 자주 한다고 한다. 여아는 동생이 생기는 기쁨보다는 동생이 태어나면서 자신에 대한 부모의 사랑이 변할까 매우 두려워하는 모습을 보였다. 그래서인지 말수도 줄고 사람들과 어울리기를 꺼려 한다고 했다.

아직 그림발달이 잘 이루어지지 않는 시기에 그려진 그림이기 때문에 아동의 그림을 정확히 해석하기는 어렵지만, 그림에 대한 아동의 설명은 아동이 가진 현재의 심리적 상황을 충분히 유추해 볼 수 있게 한다.

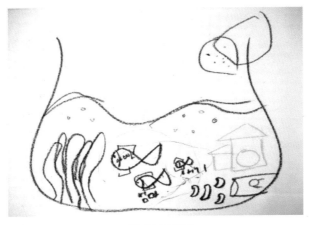

그림 19) 남/8세

초등학교 2학년 남아의 가족물고기 가족화. 자신을 제외하고 아버지, 어머니, 동생물고기만을 그렸다. 오랜 시간 독자로 있다가 동생이 태어나면서 부모의 사랑을 빼앗겼다는 생각에 동생에 대한 스트레스가 많다. 어항 속의 물이 1/2밖에 담아 있지 않은 어항과 그 어항에 뿌려지는 먹이, 어항 밑에 그려진 산소통 등의 표현에서 아동이 가진 정서적 부족함을 느낄 수 있다.

집은(유일하게 다른 색으로 그려졌으므로 강조된 그림으로 볼 수 있다) 휴식을 원하거나 보호받고 싶을 때 혹은 안정된 집에 대한 소원이 있을 때 등장하는 것으로 아동이 가진 욕구를 그대로 반영해 주고 있다.

두 가지 색으로만 그려진 점, 빠른 속도로 그려진 점(이 그림에서는 충동적이기보다는 무성의 혹은 신중하지 못한 것으로 해석할 수 있다) 등은 남아가 그림을 그리는 것에 대한 에너지가 미약함을 보여 준다.

3. 부모와 자신이 밀착된 그림

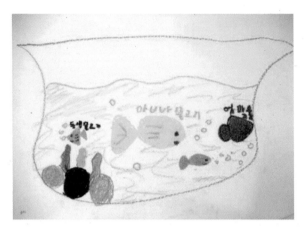

그림 20) 여/7세

초등학교 1학년 여아의 물고기 가족화이다. 아빠 물고기를 자신이 가장 좋아하는 노란 색 물고기로 중앙에 가장 크게 표현한 것으로 여아가 가진 아버지에 대한 관심과 사랑을 느낄 수 있다. 물고기 가족은 모두 웃는 모습으로 그려져 있어서 가족 간의 사랑과 온화 한 분위기를 느낄 수 있다. 그러나 아동은 자신과 자주 싸우는 동생을 다른 방향으로 헤 엄쳐 가는 모습으로 그렸으며, 부모와 자신은 밀착시켜 놓고 있다. 여기서 부모의 사랑을 차지하고 싶어 하는 아동의 마음을 엿볼 수 있다. 그래서인지 자신의 물고기는 아주 작은 애기 물고기로 표현하였다.

그러나 어항의 하단에 자신이 그려진 점은 가족 내에서 자신이 주목받지 못하고 있다고 생각하는 아동의 마음이 드러난다. 또한 바위와 수초 위에 동생물고기를 그림으로써 동생 을 보호하는 듯한 그림의 형태가 나타나는데 이는 동생에 대한 사랑과 미움의 양가감정 을 동시에 보여 주고 있다.

그림 21) 여/10세

　초등학교 3학년 여아가 그린 물고기 가족화이다. 위의 두 언니와는 10년 이상 나이 차가 나는, 부모님이 뒤늦게 얻은 아동이 그린 가족물고기는 형태와 색상이 모두 비슷하게 묘사되어 동질감을 느낄 수 있다. 이는 가족 구성원 간의 관계가 긍정적으로 보임으로 해석할 수 있으나, 크기의 대소 관계가 드러나지 않음은 아동이 가족 안의 서열에 대해 크게 생각지 않고 있다는 사실을 알 수 있다(부모의 양육태도가 엄하다거나 가부장적이지는 않은 것으로 해석할 수 있다).

　이 여아의 그림은 흔히 이런 가족 형태에서 일어날 수 있는 모습을 그대로 보여 준다. 대학생인 언니들은 학교생활과 데이트 등으로 가족과 함께할 시간이 많지 않으므로 가족과 분리되어 그려짐을 볼 수 있으며, 집안의 막내인 10세의 아동은 부모의 관심과 사랑을 독차지함으로써 부모와 심리적으로 매우 가까운 상태로 그려져 있다. 부모 다음에 자신이 세 번째로 그려진 것도 이러한 관심에서라 볼 수 있다.

그림 22) 여/10세

초등학교 3학년 여아의 물고기 가족화이다. 아버지, 어머니 물고기와 자신의 물고기를 밀착시키고 동생물고기를 물방울을 통해 분리시켜 그렸다. 동생물고기와 가족 간의 거리도 멀게 느껴진다. 이는 자신과 동생의 심리적인 거리와 비례하는 것으로 해석된다.

남동생이 태어나면서 부모의 사랑을 빼앗아갔다고 생각하는 여아의 남동생에 대한 원망과 스트레스가 그림을 통해 남동생을 분리시키고 있는 것이다. 이러한 표현은 이와 같은 가족형태에서 많이 나타나는 그림이라 할 수 있다. 또한 어항 양쪽에 달린 리본 모양의 손잡이는 아동의 불안을 엿볼 수 있게 한다. 어항 하단에 높게 그려져 있는 모래 역시 같은 의미로 해석된다.

그러나 모양은 같고 각기 다른 색상으로 표현된 가족 물고기의 형태에서 아동이 생각하는 한 울타리 안의 가족개념과 가족 개개인에 대한 관심과 사랑을 엿볼 수 있으며, 높은 완성도는 아니지만 색을 다양하게 사용한 것으로 미루어 아동의 에너지 수준은 비교적 높게 평가할 수 있다.

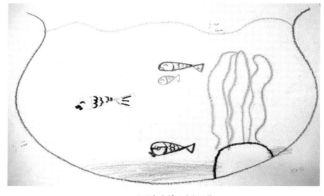

그림 23) 여/11세

초등학교 5학년 여아의 물고기 가족화. 일로 늘 바쁜 아버지(우측의 회색물고기), 고등학교에 다녀서 학업에 열중해야만 하는 오빠는 공부로 늘 바빠서 만날 시간이 그리 많지 않다. 그래서인지 자신과 어머니와 멀리 떨어져 그려져 있다.

자신과 어머니가 밀착되어 그린 것은 어머니(맨 상단의 보라색물고기)의 사랑을 받고 싶은 욕구의 표현이라기보다 실제로 늘 어머니와 함께하는 시간이 많은 아동의 상황을 보여 주고 있다.

오빠 물고기는 어항의 맨 하단에 위치해 있는데, 통계적으로 이처럼 가족과 분리되어 극단적으로 하단에 위치하는 경우는 그림의 대상자가 힘이 없음을 상징하지만, 이 물고기 가족화에서는 아동과 오빠와의 심리적 거리가 먼 것으로 해석할 수 있다. 이는 오빠 물고기의 표현(오빠 물고기의 표현이 비교적 정교하고 특징이 잘 묘사되었음)에서도 볼 수 있다.

어항의 크기에 비해 물고기가 작게 그려지고 그림의 완성도가 높지 않은 것으로 그림을 그린 여아가 소극적이고 에너지 수준이 낮음을 알 수 있다.

그림 24) 여/11세

초등학교 5학년 여아의 물고기 가족화 그림이다. 쌍둥이 남동생을 둔 여아는 두 동생 때문에 늘 스트레스를 받는다. 두 동생은 자주 싸우기도 하며, 여아는 어쩐지 부모님 모두 두 동생에게만 관심이 있는 것처럼 생각되어 아동은 마음이 늘 불편하기만 하다.

자신(중앙의 노랑 물고기)을 중앙에 제일 먼저 그린 점과 하트의 강조, 부모님과 할아버지 앞에 가까이 마주 선 자신의 물고기표현은 가족 안에서 주목받고자 하는 아동의 소망이 잘 나타나 있다. 엄마, 아빠, 자신의 물고기만이 지느러미형태가 닮은 점은 이러한 아동의 바람을 반영해 주는 듯하다.

또한 두 쌍둥이 동생을 자신의 물고기 뒤편에 위치하도록 그려 가족들과 분리시켜 놓고 있는데 이는 집안 어른들로 사랑을 독차지 하고픈 마음과 두 동생이 자신을 잘 따라 주었으면 하는 두 가지 소망이 담겨 있다

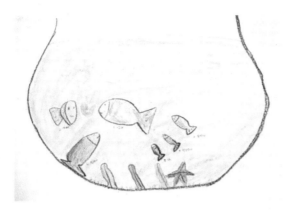

그림 25) 여/13세

　어머니가 집안의 가장 역할을 하고 있는 중학교 1학년 여학생의 물고기 가족화. 그런 이유에선지 가족 물고기는 모두 엄마물고기를 향해 그려져 있다. 엄마물고기와 마주한 아빠 물고기의 형태는 조금 일그러져 있어 불편해 보이는데 이는 집안에서 가장역할을 하고 있지 못하는 아버지의 모습이 무의식적으로 표현된 것으로 보인다. 아버지 물고기만 정면 모습을 향한 것은 아버지가 조금 더 떳떳한 가장이기를 원하는 피검사자의 마음이 담겨 있는 듯 하다.

　이 그림은 어른과 아이 물고기의 크기를 과장되게 그려내고 있는데 이는 어른과 아이의 역할에 대한 뚜렷한 인식 혹은 상대적으로 나약한 아이들의 모습을 표현한 것으로, 심리적인 위축으로 인한 표현은 아닌 것으로 해석된다. 이는 마지막에 그려진 할머니 물고기의 크기가 크게 표현된 것으로도 짐작할 수 있다.

　그림은 전체적으로 안정감을 느낄 수 있으며, 물고기들이 한곳을 응시하고 있어 가족 간의 화합과 역동성을 느낄 수 있다.

　색연필을 사용하여 색채가 강하게 보이지 않지만 표현이나 완성도 면에서 아동의 욕구나 에너지가 높음을 알 수 있다.

4. 가족들과 자신을 분리시켜 놓은 그림

그림 26) 여/13세

중학교 1학년 여학생의 이 물고기 가족화는 가족 간의 갈등과 자신에 대한 부정적인 감정을 잘 드러내고 있다. 여아는 자신의 물고기를 어항 밖으로 밀어내어 가족과 분리시키고 있다(자신의 물고기를 제일 마지막에 그림). 자신을 제외한 다른 가족물고기들은 모두 편안하고 행복해 보인다.

그림은 완성도가 높지는 않아 많은 에너지가 느껴지지는 않지만, 그림의 표현은 선이 빠르게 느껴지고 거침없이 표현되어 타인에 대한 의식이 없이 비교적 자신감 있게 표현한 것으로 보인다.

등에 가시가 돋친 표현, 다 그린 뒤 자신의 물고기에 x표를 한 모습에서 가족 안에서 소외감을 느끼며 살아가는 피검사자의 모습을 엿볼 수 있다. 그러나 피검사자가 비록 가족 안에서 이런 위축감을 가지고는 있으나, 그림의 크기, 필압, 빠른 선의 형태(선의 형태는 시각적으로도 유추 가능하기는 하지만 검사자가 과정을 정확히 관측해야 알 수 있음)가 미약하기는 하지만 어느 정도의 자신감은 지니고 있는 것으로 해석할 수 있다.

그림 27) 여/7세

초등학교 1학년 여아의 물고기 가족화. 자신을 제일 마지막으로 그렸다. 이는 집안에서 가장 막내인 아동의 그림으로, 아동들의 일반적인 순서표현으로 보인다. 여아는 자신의 물고기(맨 좌측의 수초를 먹고 있는 물고기)를 수초를 통해 다른 가족과 자신을 분리시키고 있어서 가족들과 관계가 원만하지 않음을 보여 준다. 다른 가족 물고기들 역시 한 방향으로 헤엄쳐 가고는 있지만 모두 거리를 두고 그려져 있어서 가족 간의 역동성도 찾아보기 힘들다.

어항의 크기에 비해 물고기의 크기는 매우 작게 표현되어, 아동이 자신감이 없고 위축되어 있음을 알 수 있다. 그림의 표현 역시 최소한의 에너지만을 사용하고 있다.

자신의 물고기만이 수초를 먹고 있는 것은 아동이 지닌 욕구 불만에 대한 해소, 즉 정서적 부족감에 대한 만족을 얻으려는 것으로 해석할 수 있다.

그림 28) 여/16세

　가족 안에서 소외감을 느끼고 있는 고등학교 1학년 여학생의 물고기 가족화. 물고기의 표현가족들이 지니는 공통점을 전혀 찾아볼 수 없다. 이는 가족 개개인에 대한 개성과 관심의 표현으로 해석할 수도 있으나 한편으로는 가족 간의 정 혹은 상호작용의 부족으로 해석할 수 있다(크레파스의 색을 바꿔 가며 그린 것으로 그림의 완성도는 높지 않지만 어느 정도의 활동적 에너지는 가진 것으로 해석된다).

　물고기는 한 방향으로 헤엄쳐 가고는 있지만 밀착되어 있지 않아 가족 간의 역동성을 느끼기 어렵다.

　큰 어항에 비해 물고기 외에 그려진 것이 없어 어항 안은 공허해 보인다. 마지막에 그려진 좌측 하단의 물고기는 자신을 표현한 것으로, 다른 물고기들과는 동떨어져 보이는데 이는 피검사자가 느끼는 소외감이 그림에 반영된 것으로 보인다.

　한 방향으로 헤엄치는 가족들을 다른 방향에서 바라보는 자신의 물고기는 가족 간의 사랑과 관심을 바라는 피검사자의 마음이 잘 드러나 있다.

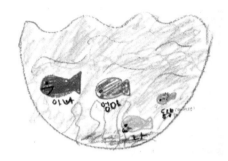

그림 29) 여/14세

　동생 때문에 항상 스트레스를 받고 있다는 중학교 2학년 여학생의 물고기 가족화. 동생은 무슨 이유인지 늘 화를 낸다고 한다(동생 물고기는 어항 맨 우측의 분홍색 물고기로 화가 난 듯한 기분을 만화적으로 표현하고 있다). 피검사자 역시 기분이 좋지 않아 자신의 물고기는 입을 내민 형태를 보이고 있다.

　피검사자는 어항의 맨 하단에 배치하고, 수초를 그려서 가족과 자신을 분리시키고 있는데, 이는 가족 안에서 느끼는 소외감 혹은 부모의 무관심에 대한 피검사자의 느낌이 그림에 반영된 것으로 보인다.

　피검사자는 6살 차이가 나는 어린 여동생에게 늘 배려와 양보를 해야 하는 자신의 상황이 늘 짜증이 난다고 한다. 자신이 어른이 된 기분이 든다고 하며, 부모님의 사랑을 독차지하는 여동생이 얄밉기도 하다고 이야기했다.

　그렇지만 그럼에도 불구하고 동생 물고기를 동생이 가장 좋아하는 분홍색으로 표현한 점, 아기처럼 작게 표현한 점 등은 동생에 대한 애정과 보호의식을 무의식적으로 반영한 것으로 해석해 볼 수 있다.

그림 30) 여/15세

　가족 안에서 갈등을 보이는 중학교 3학년 여학생의 물고기 가족화. 피검사자는 가족 물고기가 각자 자신의 일을 하고 있는 중이라고 말한다(아빠는 회사일, 엄마는 집안일, 자신과 동생은 공부를 하고 있다고 한다).

　물고기는 거리를 두고 그려져 있고 밀착된 물고기들이 없어서 가족 간의 심리적 밀착과 그 역동성은 없어 보이지만(어항 속의 기포는 가족 간을 분리하는 형태로 보인다) 각각의 물고기 형태는 활동성을 띠고 있어 그림은 에너지를 많이 지니고 있어 보인다. 물고기들의 익살스런 표정들과 헤엄치는 듯 자연스럽게 그려진 형태 등 이런 표현은 피검사자에게 활동적인 에너지가 있음을 의미한다.

　마지막에 그려진 엄마 물고기(어항 하단의 빨간색 물고기)는 마지막에 그렸음에도 가장 크게 표현되었는데 이는 엄마와 갈등을 겪으면서도 사랑하고 있다는 양가감정이 존재함으로 해석할 수 있다.

　자신의 물고기(우측의 노란색 물고기)는 가족과는 정반대방향으로 헤엄치는 모습으로 그려져 있어 가족과 화합하지 못하고 갈등을 겪고 있는 피검사자의 현재 모습을 보여 주고 있다.

그림 31) 남/13세

동생으로 인해 스트레스를 받고 가족 안에서 갈등을 겪고 있는 중학교 1학년 남학생의 물고기 가족화. 그런 이유에서인지 어항 속 물고기들은 많은 기포를 발생시키고 있다. 또한 기포는 비교적 작게 표현되어 피검사자의 감정이 민감함을 보여 준다. 이는 물고기 채색의 표현에서도 알 수 있다(결을 따라 세심하게 채색되어 있다).

피검사자는 동생이 부모의 관심과 사랑을 독차지하고 있다고 생각한다.

피검사자는 어항에서 밖으로 통하는 빨간색 호스와 수초로 자신의 물고기(우측의 회색 물고기)와 가족 물고기를 분리시키고, 가족 물고기와는 반대로 향하도록 자신의 물고기를 그려 넣었다.

특히 자신의 물고기와 동생물고기(중앙의 푸른색 물고기)가 꼬리를 맞대고 있는 모습으로 그려진 것은, 현재 두 형제간의 갈등을 상징적으로 표현하고 있는 듯하다.

긴 수초로 자신의 몸을 가린 점(수초를 그린 후 자신의 물고기를 뒤편으로 그렸다), 어항 상단에 공간이 있음에도 불구하고 하단에 자신의 물고기를 그린 점 등은 가족 안에서 자신의 존재에 대한 상실감으로 해석할 수 있다.

5. 가족 구성원이 분리되어 그려진 그림

그림 32) 여/18세

상업계 고등학교에 재학 중인 고등학교 3학년 여학생의 물고기 가족화. 가족 물고기는 부모님 물고기를 제외하고 모두 그 대상이 주로 하는 활동과 함께 정확히 분리되어 그려져 있다.

그림은 모두 누워 있는 형태를 취하고 있어서 자녀와 부모 간의 역동성이 보이지 않으며, 모두 누워 있고 지쳐 쉬고 있는 형태로 그려져 있어서 그림을 그린 여학생의 에너지가 높지 않음을 알 수 있게 해 준다.

어항 속 물고기와 장식들은 모두 녹색 한 가지 색으로만 표현되어 있어서 그림에 대한 표현 욕구 역시 낮음을 보여 준다. 피검사자는 일반 고등학교의 3학년과 달리 취업을 목표로 하고 있는데, 대학진학에 대한 포기는 여학생에게 미래에 대한 불안을 갖게 한 것으로 생각된다.

항상 TV를 보고 계시는 부모님, 컴퓨터에 열중하는 대학생 오빠, 이제는 더 이상 공부를 하지 않고 졸업만을 기다리는 누워 있는 자신의 물고기 모습은 가족들과 단절되고 진학을 포기한 무기력한 피검사자의 모습을 보여 준다.

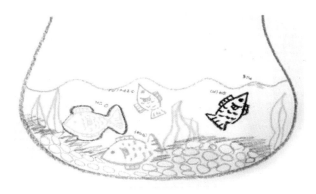

그림 33) 여/15세

　가족을 모두 분리시켜 그린 중학교 3학년 여학생의 물고기 가족화. 가족은 모두 수초
나 돌 위의 모래, 엄마 물고기(좌측의 노란색 물고기)를 둘러싼 붉은 선 등으로 모두 분리
시켜 놓았다. 그래서인지 그림에서는 가족 간의 역동성이 보이지 않는다.

　물고기는 모두 다른 방향으로 헤엄쳐 가고 있고, 부모의 물고기는 나란히 위아래로 있
는 듯 보이지만 엄마 물고기를 둘러싼 붉은 선이 가로막고 있다. 붉은 선은 어떤 이유에서
인지 엄마 물고기를 보호하려는 듯 보인다.

　중앙의 동생(보라색 물고기)물고기와 자신의 물고기(검정 물고기)는 스트레스를 받아
수면 위로 올라가려는 듯 위로 향하고 있다. 그렇지만 이들 역시 수초로 분리되어 있다.

　어항 속 물의 양은 어항 높이의 1/2밖에 되지 않아 정서적으로 안정되지 못한 상태에 있
는 것으로 해석된다. 그렇지만 그림의 전체적인 인상은 색상의 다양성과 물고기 및 어항
속의 표현 등에서 여학생의 욕구와 에너지가 높음을 알 수 있다.

그림 34) 여/9세

스트레스가 심한 초등학교 3학년 여아의 물고기 가족화. 엄마의 지나친 간섭과 양육태도가 원인으로 보인다. 그래서인지 어항 속 물의 양은 1/2 정도밖에 차지하고 있지 않다.

여아는 가족을 수중의 기포로 모두 분리시켜 어항 속에서는 가족 안의 역동성이 보이지 않는다.

아빠 물고기는 물 위로 얼굴을 내밀고 있는데, 여아는 "사업으로 스트레스가 심한 아빠가 숨을 잘 쉴 수 있도록 하기 위해 그림을 그렇게 그렸다", 엄마 물고기(좌측 하단의 갈색 물고기)는 "기분이 좋아 늘 걱정이 없어 보여요"라고 이야기한다. 이는 여아가 생각하는 현재의 가족상황으로 볼 수 있다.

그림의 표현은 물고기 각각의 표현에서 다양한 색상을 사용한 점에서 아동이 가진 욕구나 에너지가 높음을 알 수 있다. 그리고 이는 가족 한 사람 한 사람에게 애정과 관심이 있음을 뜻하기도 한다.

그러나 색을 지나치게 꼼꼼하게 칠하려는 부분에서는 그림을 완벽하게 그려내려는 여아의 강박적 태도를 엿볼 수 있다.

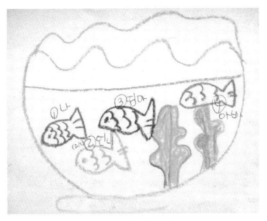

그림 35) 여/16세

　고등학교 1학년 여학생이 그린 물고기 가족화이다. 크지 않은 어항에 가족을 가득 차게 그렸고 물의 높이도 높지 않아 어항 속은 답답하게 느껴진다. 자신을 제일 먼저 그려(맨 좌측의 분홍색 물고기) 관심받고자 하는 마음을 표현하였다.

　이후 가족의 순서는 언니(하단의 하늘색 물고기), 엄마(중앙의 빨간색 물고기), 아빠(어항 우측의 물고기)의 순서로 그렸으며, 아빠는 다른 가족과 떨어뜨려서 표현하였다. 수초를 제일 먼저 그리고 나중에 아빠 물고기를 분리시켜서 수초 뒤로 배치한 점, 아빠 물고기를 가장 마지막에 그린 점은 주목할 만하다.

　피검사자는 아빠와의 사이가 어떤지에 대한 질문에 "아빠는 매일 늦게 들어오세요. 주말엔 잠만 자요"라고 대답하여 가족과 아빠와의 상호작용이 많지 않음을 암시했다.

　화면상으로는 옅은 색을 사용하여 잘 보이지 않지만, 여학생은 마지막에 어항의 바닥에 모래라고 하면서 힘을 주며 신경질적으로 점을 찍기 시작하였는데 이로 미루어 내재되어 있는 스트레스가 많음을 알 수 있다.

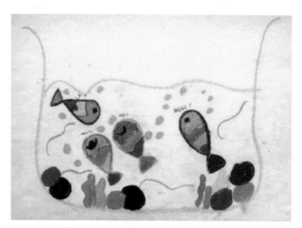

그림 36) 여/8세

　초등학교 2학년 여아의 그림이다. 동생을 가장 먼저 그렸고 엄마, 아빠, 자신의 순서로 물고기를 그렸다. 동생(어항 우측의 물고기)을 가장 먼저 그린 것은 동생이 가족 내에서 가장 관심과 사랑을 받는다고 생각하는 아동의 맘이 드러나 있다. 집안에서 가장 어리면서도 동생의 물고기를 크게 그린 것은 이와 같은 의미로 해석할 수 있다.

　여아는 동생(6세, 남아)을 물방울을 사용하여 따로 분리시키고 자신과 부모님을 같은 공간에 그렸는데 이는 부모의 사랑을 받고자 하는 여아의 소망이 담겨 있는 듯하다. 그래서인지 자신이 위쪽에서 내려다보는 형상을 취하고 부모님들은 자신을 올려다보는 자세를 취하고 있다.

　물은 어항의 반밖에 차지하고 있지 않아 아동이 가진 정서적 결핍을 반영해 주고 있다. 동생과의 사이가 어떤지 묻자 "엄마랑 매일 같이 자고 할머니, 할아버지도 동생만 좋아해요"라고 답하였다.

　앞서 있던 사례들과 마찬가지로 남아에 대한 선호가 강한 우리나라 가정에서 많이 보이는 그림이라고 할 수 있다.

그림 37) 여/14세

중학교 2학년 학생의 물고기 가족화이다. 전체적으로 필압이 강하고 그림의 크기가 큰 편이며, 어항 이외의 공간도 사용한 것으로 보아 자신을 나타내고자 하는 욕구가 강한 그림으로 보인다. 자신을 제일 먼저 중앙부분에 그린 점도 그와 관련된 것으로 풀이된다. 그린 순서는 자신(중앙의 노란색 물고기), 아빠(좌측의 보라색 물고기), 오빠(상단의 파란색 물고기), 엄마(하단의 주황색물고기)이고 엄마는 어항의 맨 하단 부분에 위치하고 있어 여학생에게 그다지 중요한 인물로 보이지 않는다(대부분 부모의 물고기는 크게 그려지지만 자신보다 작게 표현하고 있는 점도 그런 의미로 해석할 수 있다).

자신과 아빠는 서로 마주보며 웃고 있는 것으로 관계가 원만함을 알 수 있으나 오빠가 수면 밖으로 얼굴을 내밀고 있는 것은 답답하고 탈출하고 싶은 현재 상태를 나타낸다. 고등학생인 오빠가 학업스트레스로 힘들어하고 있는 것을 표현한 듯하다. 전체적으로 볼 때 가족은 자신과 아빠 물고기와의 관계를 제외하고는 역동성이 보이지 않는다. 이는 현재 가족 내의 상황을 반영해 주고 있다.

그림 38) 남/9세

　초등학교 3학년 남아의 그림이다. 남동생, 아빠, 엄마, 자신의 순서로 그렸으며, 아빠물고기의 크기가 가장 크며, 앞에서 진두지휘를 하고 다른 가족은 따라가고 있는 모습으로 표현하고 있다. 이는 가정 안에서 아버지가 많은 힘을 지녔음을 의미한다. 그래서인지 엄마 물고기는 아이들의 물고기와 크기가 같다.

　물고기는 모두 지느러미들이 크게 강조되어 그려져 있는데, 이는 자율적이고 활동적인 아동들에게서 많이 나타난다.

　동생을 가장 먼저 그린 점은 가족 내에서 주목(사랑)받는 대상임을 암시하고 있다. 아동은 남자 물고기는 모두 파란색으로 엄마 물고기는 붉은색으로 그린 것으로 남녀에 대한 구분을 명확히 하고 있는데, 이는 시기적으로 나타나는 표현일 수도 있으나, 가부장적인 가정 안의 아동에게서도 많이 나타난다. 가족 물고기들은 모두 떨어져 있어 심리적으로 가까워 보이지 않는다.

　흥미로운 부분은 어항의 아래 왼쪽에 동굴을 그렸는데 '나'라고 말한 물고기 앞에 그려져서 언제라도 무서운 상황이 생기면 숨을 수 있는 은신처로서의 준비를 취했다는 점이다. 아동의 가족은 아빠의 존재감이 매우 크며 가족 간에 역동적인 상호작용이 많지 않은 것으로 해석할 수 있겠다.

그림 39) 여/10세

초등학교 4학년 여아의 물고기 가족화이다. '나'는 오른쪽 윗부분(검정 물고기)에 떨어져 있고 엄마와 동생(8세, 남)은 아랫부분에 나란히 그렸다. 이 연령에서 특히 여아가 남동생들에게 많이 느끼는 질투나 소외감을 잘 드러낸 부분이라고 할 수 있다. 자신을 제일 위에 표현한 것은 주목받고자 하는 마음을 드러낸 듯하다.

특징적인 것은 도화지의 아랫단을 어항의 바닥으로 삼아서 그린 것인데, 이것은 바닥의 지면이 테이블과 같은 받침대 역할을 하는 것으로 불안이 표현된 것으로 해석된다. 또한 아동은 아빠물고기를 그리지 않았는데, 어디에 계시는지 묻자 집을 그리고는 "아빠가 그 안에 계시고 주무신다"라고 하며 아빠를 가족과 분리시켜 놓았다. 이는 자신이 아빠와의 관계 혹은 가족 전체와의 관계가 원만하지 않음을 시사한다(간혹 부모가 이혼하거나, 편부모 가정의 아동들이 이러한 표현을 하는 경우도 있다). 또한 집이 크게 강조되어 그려진 것은 보호받고자 하는 안정에 대한 욕구로 해석할 수 있다.

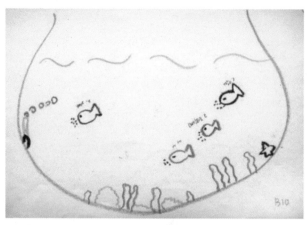

그림 40) 여/7세

　초등학교 1학년 여아의 물고기 가족화이다. 어항에 비해 물고기의 크기가 매우 작고, 선으로만 그려져 있고 채색한 부분이 없어 그림이 빈약해 보인다. 이는 자신감 없고 위축된 아동의 상태를 그대로 반영하고 있다. 또한 수면을 표시하는데 떨어진 선으로 나타낸 점, 수초들을 어항 바닥에 바짝 붙여서 그린 점, 왼쪽 어항 벽면에 공기 나오는 호스를 작게 그린 점들이 아동의 소심하고 자신감 없는 성향을 드러낸다. 이러한 경향성은 반대로 심약해서 상처를 쉽게 받을 가능성이 있다는 사실과 연관될 수 있다.

　아빠물고기(좌측 보라색 물고기)를 왼쪽에 분리시키고 나머지 가족은 뒤쪽에 있으며, 모두 아래를 향하는 모습을 취한다. 그 부분에서도 자신(분홍색 물고기)이 가장 아래에 있고 3세 동생이 바로 위에(초록색 물고기), 그 다음에 엄마(빨간색 물고기)가 위치해 있다. 이는 자신이 가족 내에서 가장 힘이 없는 존재임을 의미한다.

　공기방울이 나오는 호스는 억압되어 있는 답답함을, 물고기 각자의 입 앞에 있는 먹이는 부족한 애정 또는 갈망하는 가족 간의 사랑을 나타낸 것으로 해석된다.

그림 41) 여/7세

초등학교 1학년 여아 그림이다. 아빠 물고기를 어항 맨 하단에 누워 있는 형태의 모습으로 그려 다른 가족들과 분리시키고 있다. 아랫부분에 꼬리가 다른 물고기들에 비해 눌려 있는 듯한 형상을 나타내는데 이는 그 대상에 대한 불편함을 의미한다.

물고기를 그린 순서에서도 마찬가지로 아빠를 맨 마지막에 그렸다. 이런 표현으로 볼 때 가족과 아빠와의 관계가 원만하지 않음을 알 수 있다.

여아의 그림은 같은 연령의 그림과 발달수준에서 비교한다면 표현이 다소 떨어져 보이는데, 이런 경우 다른 발달(학습, 운동 등)이 정상적으로 이루어지고 있는지 확인이 필요하다고 하겠다.

남자색 여자색의 표현, 각기 다른 줄무늬 색의 반복적인 표현 등은 여아가 가진 강박적인 성향을 보여 주고 있다.

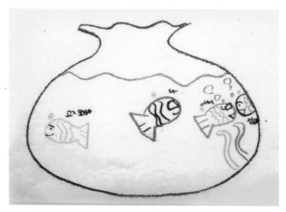

그림 42) 여/7세

　　7세 여아의 물고기 가족화이다. 여아의 그림은 발달상으로 볼 때 또래보다 많이 빠른 듯 보인다. 아동의 그림은 한 살 위인 오빠만이 가족과는 정반대방향을 하고 있어 아동과는 심리적으로 거리가 멀어 보인다.

　　자신의 물고기(중앙의 주황색 물고기)는 가장 나중에 그려졌으나 어항 중심부에 위치하고 크기가 가장 크므로 가족 안에서 주목받고자 하는 마음을 드러내었다.

　　수초나 물방울 등 그림의 비중이 부모님 물고기 방향으로 치우쳐져 있어서 부모에 대한 관심과 사랑을 나타내었다. 그럼으로 아빠, 엄마의 물고기가 아이들 물고기보다 작게 그려진 것은 무능력함의 표현이라기보다는 부모가 권위적이지 않고 가정이 아이들 중심으로 이루어진 것으로 해석된다.

　　어항 안에 빈 공간이 많음에도 불구하고 엄마 물고기가 몸의 반쪽만 그려진 점은 주목할 만한데, 이는 계획성 없음 혹은 아버지물고기와 마주보는 것으로 그리고자 한 의도로 파악되는데, 후자의 경우 현재의 모습을 나타내었거나 혹은 자신의 소망을 나타내는 정반대의 모습으로 해석할 수 있다.

그림 43) 남/8세

　이 물고기 가족화는 초등 2학년 남아의 그림인데 순서가 흥미롭다. 남동생 물고기를 제일 먼저 그렸고 어항 바닥에 모래를 그린 다음에 엄마, 아빠, '나'의 순서로 그렸다. 이 역시 앞선 사례처럼 가족 내에서 남동생이 가장 사랑(관심)받고 있기 때문인 것으로 해석된다.

　어항 중앙에 한 가닥의 수초를 기준으로 왼편에 동생과 아빠가 있고 오른편에 엄마와 자신이 있다. 이는 엄마와 심리적으로 가까이하고 싶고, 동생과 아빠는 자신으로부터 분리시키고 싶은 아동의 마음을 보여 준다.

　동생 물고기와 엄마 물고기에만 지느러미가 있는 것도 눈에 띄는 표현이다(그 대상의 역동성을 의미한다).

　어항의 테두리에 거의 보이지 않는 연한 핑크색을 사용한 점과 전반적으로 그림의 크기가 작은 점, 물고기 모두가 어항 하단에 위치한 점, 어항 밑의 모래가 강하게 강조된 점(받침대와 같은 의미로 해석) 등으로 보아 자신감이 강하거나 활발하다고 보기 어려운 아동이다.

　모래를 그릴 때 모래알을 먼저 그리고 일일이 그 모래알을 피해 바탕을 칠한 행동, 수초의 바깥 선을 그리고 다른 색으로 안에 꼼꼼하게 채색한 표현, 각 물고기마다 비늘을 그린 점들은 자기 통제력이 강하고 섬세한 성격으로 해석할 수 있다.

그림 44) 여/11세

11세 여아의 가족화이다. 전체적으로 어항 내부의 공간적인 면으로 본다면 충분히 사용하여 그린 것으로 보이나 내용상으로는 관심을 가져야 할 부분이 여러 군데 있다.

먼저 물고기들 중에서는 아빠물고기(중앙의 파란 물고기)가 가장 크고 처음에 그려졌고, 그 맞은편에 엄마물고기(좌측 붉은색 물고기)가 마주보고 있으며 다음에 언니(노란색 물고기), 동생(분홍색 물고기), '나(우측 하단의 물고기)'의 순서로 아빠물고기 아래에 그렸다. 엄마 물고기와 다른 물고기가 멀리 마주보고 있는 것으로 가족 내에서 엄마와 나머지 가족들 간의 관계가 원만하지 않다는 점을 알 수 있다. 자신의 물고기는 동생 물고기보다도 작고 제일 하단에 그려져 있는 것은 자신이 가족 내에서 가장 힘없음을 암시하고 있다.

어항의 오른쪽 벽면에 그린 산소기와 기포는 아동이 가진 답답함 과 스트레스에 대한 표현으로 해석된다.

그림의 전체적인 완성도가 높고 표현이 섬세한 것은 여아가 높은 에너지와 함께 풍부한 감성을 지녔음을 보여 주고 있다.

그림 45) 남/8세

이 그림은 초등학교 2학년 남아가 그린 그림으로, 쌍둥이 중 동생의 물고기 가족화이다.

남아의 가족은 모두 네 명이지만, 어항 안의 물고기는 세 마리밖에 그려져 있지 않다. 어항 밖에는 고슴도치가 그려져 있다.

그림을 그린 순서는 아빠, 엄마, 자신의 순서로 그렸다. 그림을 그리면서 형은 밖에 있다고 한 점과 어항 밖에 그려진 고슴도치가 갖는 속성을 분석해 볼 때, 쌍둥이 형이 자신에게 공격적인 대상으로 그려지고 있으며, 형과의 관계가 원만하지 않고, 유대감이 없어 형을 분리시키고 있음을 알 수 있다.

아빠 엄마의 물고기가 크게 그려진 것은 부모가 집안 내에서 큰 역할을 하는 것을 인식하는 것에 대한 표현으로 보인다.

산소통이 색이 진한 검정으로 강조된 것은 주목할 만한 부분인데, 이는 의존적인 아동의 성격을 반영해 주는 것으로 해석할 수 있다(산소기는 때로는 답답함을 호소할 때를 말하지만, 자신의 물고기를 어항 하단에 그린 점과 자신의 물고기 크기가 부모의 물고기에 비해 상대적으로 작은 것으로 의존성에 의한 표현으로 해석된다).

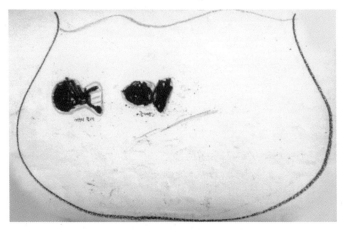

그림 46) 남/11세

　이 그림은 (그림 44)를 그린 아동의 쌍둥이 형의 그림이다. 이 물고기 가족화에는 가족구성원이 전혀 등장하지 않는다.

　남아는 맨 좌측에 그려진 물고기를 '개구리 물고기'라고 하고, 그 옆에 그려진 것을 '졸라맨'이라고 하였는데 이는 그림검사에 대한 회피 또는 가족 구성원과의 상호작용이 잘 이루어지지 않고 있다는 의미로 해석할 수 있다(발달상의 문제로 그림검사에 대한 이해가 되지 않는 경우에도 이런 그림이 등장할 수 있겠으나 아동의 경우 정상적인 발달을 이루고 있으므로 심리적인 표현으로 간주된다). 앞의 동생이 그린 그림과 연관 지어 이 그림을 살펴보면 형을 고슴도치로 그리고 어항 밖으로 분리시켜 형을 인정하지 않은 것과 밀접한 관계가 있다. 따라서 가족을 물고기로 그리자고 제안을 했음에도 불구하고 가족과의 애착관계가 불안정하기 때문에 등장시키고 싶지 않은 의도로 해석된다.

　아동은 물고기 가족화를 완성한 후에 도화지 뒷면에 검정 크레파스로 화지 전체에 복잡한 선을 그렸고 '바보'라는 글씨를 썼는데 이는 자신에 대한 비판과 스트레스에 대한 표현으로 보인다.

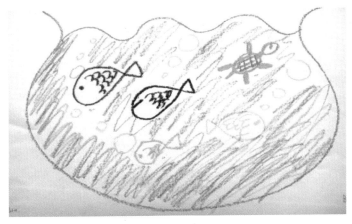

그림 47) 여/15세

　　중학교 3학년 여학생의 물고기 가족화이다. 5명의 가족을 그렸는데 아빠를 거북이로 그리고 방향과 공간을 달리함으로 다른 가족들과 심리적인 거리감을 가지고 있음을 느낄 수 있다.

　　물고기의 크기도 엄마나 오빠 물고기보다 작은 것으로 보아 가정 내에서 아빠의 의사결정력이나 능력의 정도 등 가장으로서의 가족 내 역할이 뚜렷해 보이지 않는다.

　　피검사자는 오빠 물고기가 검정으로 그려지고 눈이 화난 표정이어서 왜 그런지 묻자 "오빠는 원래 그래요"라고 답하였는데 이는 오빠와의 관계가 원만하지 않음을 의미한다. 언니 물고기 또한 연한 노란색으로 그려서 잘 보이지 않고 자신의 물고기(분홍색 물고기)와는 방향을 반대로 그렸는데 이는 언니와의 의사소통이 어려운 것으로 해석할 수 있겠다. 자신의 물고기를 어항의 맨 하단에 위치하도록 그린 점, 제일 마지막에 그린 점, 가장 작게 그린 점 등은 피검사자가 형제들 가운데 가장 막내로서 대우받는 것에 대한 표현으로 해석된다.

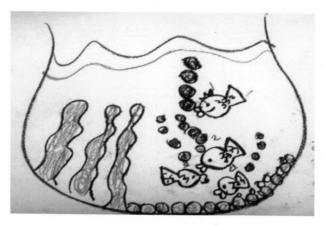

그림 48) 여/15세

　중학교 1학년 여학생의 물고기 가족화이다. 이 그림은 그 나이의 또래가 보이는 일반적인 특징 중 여성스러운 색채를 선택하거나 여학생 특유의 섬세한 표현방식을 드러내기보다는 검정 크레파스로 밑그림을 그린 후 튀지 않는 색상으로 빠르고 무성의하게 채색한 점이 눈에 띈다.

　검정으로 서슴없이 그림을 그린 점은 그림에 대한 거부감이 없고, 자신감 있음 혹은 검사에 대한 무덤덤함으로 해석할 수 있다.

　그림은 아빠 물고기를 제일 먼저 그리고 가장 윗부분에 위치하도록 그려 가족 내 아빠의 권위가 우세함(아빠 물고기 머리에 그려진 왕관의 표현은 이를 뒷받침해 준다)을 말해 주고 있지만 엄마, 자신, 동생물고기와 거리가 먼 것으로 심리적으로는 거리가 멀게 느껴진다.

　엄마, 자신, 동생 물고기들이 함께 모여 있는 것은 가족 내에서 이 세 사람의 심리적 관계가 가까움을 설명해 주고 있다.

그림 49) 남/9세

초등학교 3학년 남아의 물고기 가족화. 이 그림은 물고기 가족화라고 하기보다는 바다 동물 그림이라고 하는 것이 더 어울릴 것 같다. 아동은 엄마는 해파리, 아빠는 오징어, 자신과 6세인 남동생은 거북이로 표현하였다. 자신과 동생을 거북이로 표현한 것은 행동이 느려서 얻은 별명으로 보인다.

가족들은 전체적으로 모두 각자 다른 방향을 취하고 있어 가족 간의 역동성이나 유대감이 전혀 드러나 보이지 않는다. 순서는 엄마, 아빠, '나', 남동생이며 무엇인가 하고 있는 것이 분명한 대상은 아빠인데 TV를 보면서 신문을 들고 있다. 이는 일상적인 아빠의 모습으로 보이지만, 이러한 표현은 때로는 무능함을 표현한 것으로 해석되기도 한다(어항 맨 하단에 위치함은 이와 무관하지 않음을 의미한다). 엄마 해파리에 검정 테두리를 한 후 '엄마'라고 크게 글씨를 썼으며, 다른 가족은 흐린 베이지색으로 채색한 것으로 미루어 가족 내에서 엄마가 중요한 역할을 하는 것으로 해석할 수 있다.

그림 50) 여/15세

　　중3 여학생의 가족화이다. 좌측부터 엄마, 아빠, 자신, 남동생의 물고기를 표현하였는
데, 물고기의 위치가 제각기 떨어져 있고, 크기가 거의 같은 것으로 가족 내의 서열이나 역
동성을 전혀 느낄 수 없다. 어항 바닥에 그려진 동생(남) 물고기는 홀로 모래에 있어 가족
들과 분리시키고 있는데, 이는 부모로부터 사랑받는 동생을 거리에 두고, 부모로부터 사
랑과 관심을 받고자 하는 피검사자의 심리를 표현해 주고 있다. 이는 자신의 물고기를 중
앙에 표현한 것과 일치한다.

　　이 물고기 가족화는 다른 부분의 완성도가 높지 않은 데 비해 어항 하단의 모래가 강조
되어 있는데, 이는 안정을 추구하는 불안감에서 표현된 것으로 해석된다.

　　어항 크기에 비해 물고기가 작게 표현되어 큰 자신감이 보이지는 않지만 어항 수면의 곡
선들과 수초들 사이에 그려진 불가사리의 만화적인 표현에서 피검사자의 역동성을 느낄
수 있다.

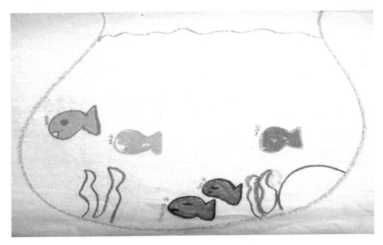

그림 51) 여/11세

　초등학교 3학년 여아의 물고기 가족화이다. 높은 수면에 비해 내용이 빈약한 편이다. 자신과 언니는 가장 아랫부분에 같은 크기와 같은 색채로 채색하였고, 엄마와 아빠 물고기는 왼쪽에 모여 있다. 할머니를 가장 먼저 그려 할머니가 집안에서 가장 연장자인 어른이심을 나타내고는 있지만 가족들과는 떨어져 그려져 있어서 심리적으로 가깝지 않음을 보여 주고 있다(가장 우측의 물고기).

　물고기 가족화는 가족들 간의 역동성이 부족해 보이며, 할머니와 가족들과의 관계가 원만하지 못함을 나타내고 있다. 자신과 언니는 똑같은 표현으로 심리적으로 가깝고 동질감이 있음을 알 수 있는데, 두 물고기는 모두 눈을 감고 있어 가족을 애서 외면하고 있는 것처럼 보인다.

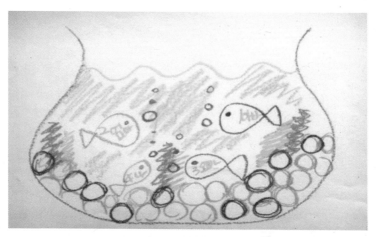

그림 52) 여/18세

　고3 여학생의 물고기 가족화. 가족 물고기의 순서는 나이순으로 되어 있다. 특이한 점은 아빠, 엄마 그리고 자신과 오빠 물고기가 대립되는 구조로 그려져 있다는 점이다(마주보도록 그려져 있는 것은 친밀감의 표시이기도 하지만 아빠와 엄마가 마주보는 사이의 거리가 멀고 물방울로 분리되어 있으며 자신과 오빠도 마주보고 있지만 뾰족한 외곽선의 수초가 가운데 있어 완벽하게 분리되어 있는 양상을 보이므로 대립관계구조로 해석한다). 그림은 아빠와 엄마, 자신과 오빠의 관계가 원만하지 않음을 보여 주고 있다.

　어항 하단에 물고기 크기에 비해 큰 돌을 표현하여 바닥을 강조한 것은 불안함이 드러난 것으로 안정을 추구하고자 하는 피검사자의 심리가 표현된 것으로 보인다(어항의 받침대처럼 피검사자에게 지지대가 필요한 것으로, 입시를 앞두고 있는 불안감이 그림에 표현된 것으로 보인다).

6. 피해의식이 보이는 그림

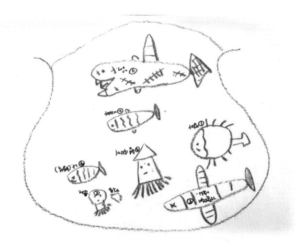

그림 53) 남/12세

자신을 누가 해치지 않을까 하는 피해의식을 가진 아동의 물고기 가족화. 대부분의 피해의식,[5] 망상은 자신의 증오 혹은 공격성이 투사[6]된 결과이다(민성길 외, 2002).

이 아동 역시 자신의 감정이 그림 속에 투사된 것으로 보인다. 어항의 수면 위를 가로막고 있는 무서운 상어는 아동과 가족을 위협하는 존재로 해석할 수 있다(가족 물고기의 표현보다도 유독 상어의 표현이 강조된 것은 아동의 불안 심리를 반영해 주고 있다). 그러나 그 상어는 어떤 인물을 지칭하는 것이 아닌 막연한 대상으로 그려내었다. 각기 다른 모습으로 그려진 가족 물고기들은 가족 내의 화합과 역동성이 미약함을 보여 준다.

---

5) 야야 헤롭스트는 이러한 피해의식은 자신의 불행과 고통의 원인을 외부에서 찾음으로써 책임회피와 보상심리를 충족시키기 위한 일종의 역할극이라고 설명한다(야야 헤롭스트, 이노은 역, 2005).

6) 받아들일 수 없는 충동이나 생각을 외부 세계로 옮겨 놓는 정신과정. 이것은 방어적 과정으로 개인 자신의 흥미와 욕망들이 다른 사람에게 속한 것처럼 지각되거나 자신의 심리적 경험이 실제 현실인 것처럼 지각되는 현상을 말한다(미국정신의학회, 2002).

그림 54) 남/8세

대인관계에 문제를 보이고 위축이 심했던 아동의 물고기 가족화. 아동은 친구는 물론 가족들과도 거의 대화가 없다.

어항은 외부에서 떨어지는 미사일과 돌덩이(파란색 원들)들로 안전한 곳이 없다. 가족물고기는 모두 다른 방향으로 향하고 있으며, 닮은 곳이라고는 전혀 없어 보인다. 어항 속은 가족 간의 온정을 전혀 느낄 수 없다.

특이한 점은 외부에서 어항으로 떨어지는 미사일(주황색)이 어항 맨 하단에 가로로 길게 그려진 아버지 물고기(주황색 물고기)의 모습과 매우 흡사하다는 것이다. 이로 미루어 아동의 아버지의 양육태도가 매우 엄격하여 아동에게 위협적이거나 공격적으로 느껴졌을 가능성이 많으며 이런 점이 현재 아동의 심리적 상태에 영향을 주었을 것을 유추해 볼 수 있다.

그림 55) 남/10세

집에 도둑이 들어 공포를 경험했던 아동의 물고기 가족화. 아동은 사건 이후 피해의식(불안)을 갖게 되었다고 한다. 어항 속은 현재 살고 있는 가족 외에 자주 오는 친척들과 이웃들도 함께 그려져 있지만, 어항의 좌측과 우측에 각각 그려져 있는 상어로 인하여 모두 위험한 상황에 처해 있다. 상어를 피하려고 어항 밖으로 뛰쳐나간 물고기들도 보인다. 입을 크게 벌리고 날카로운 이를 드러낸 상어들은 어항 속 물고기를 금방이라도 잡아먹을 듯 보인다.

아동은 또 도둑이 들어오면 어쩌나 하는 걱정에 잠을 이루지 못하는 날도 많다.

아동이 겪는 이런 증상을 외상 후 스트레스 장애(post-traumatic stress disorder)로 볼 수 있는데, 이 장애는 사람이 외상으로 경험될 만큼 심한 감정적 스트레스를 경험했을 때 나타나는 증상으로 교통수단에 의한 사고, 폭행, 강간, 테러, 지진 등 생명을 위협하는 재난이 발생했을 때 받은 충격에 의해 발병된다(민성길 외, 2002).

그럼에도 불구하고 아동의 그림은 밝은 색채와 역동성을 느낄 수 있어서 아동에게 내재되어 있는 긍정적인 에너지가 많음을 알 수 있다.

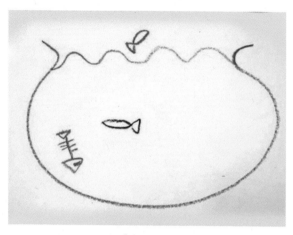

그림 56) 남/9세

　자신에 대한 표현에 힘이 들어 했던 아동의 물고기 가족화. 어항 속은 물고기들이 살기에 그리 안전해 보이지 않는다. 아동은 자신의 물고기를 그리지 않았고, 가족 물고기 역시 그리지 않았다. 그냥 물고기를 그렸다고 말했다. 아동은 가족을 표현하는 것에 대해 힘들어 보였다. 그림에서 볼 수 있듯 실제로 아동은 가족과의 관계가 원만하지 않다.

　어항 속은 물고기들이 서로 싸워서 죽은 물고기도 있으며, 이미 없어진 물고기들도 있다고 한다. 어항 속에는 아무것도 존재하지 않는다. 어항 속이 싫어서 밖으로 도망간 물고기도 보인다. 남아 있는 물고기도 곧 죽을 거라고 설명하고 있다.

　어항은 '집'이라는 상징적 의미를 가지고 있다. 이런 의미에서 아동에게 있어 '집'은 안전한 장소가 아닌 듯 보인다. 얼마 안 되는 선으로 그린 그을 사용했음을 알 수 있는데, 이는 아동이 가진 스트레스가 많음을 짐작하게 한다.

7. 불안 및 스트레스가 드러난 그림

그림 57) 여/13세

물고기 가족화에서 산소통이 강조되는 것은 대부분 의존적인 상황에 처해 있을 때 혹은 스트레스가 심하여 답답함을 호소할 때 등장한다.

13세의 이 여학생의 물고기 가족화는 약한 필압으로 최소의 에너지를 사용하였음을 알수 있다. 여학생은 어항을 직접 그린 다음 바로 산소통을 그려냈는데, 이는 의존적이기보다는 자신의 답답함을 해소하기 위해 표현한 것으로 해석된다. 여학생은 큰 물방울을 통해 엄마 물고기(어항 하단의 보라색 물고기)를 자신과 아빠 물고기로부터 분리시켜 놓고있다. 대부분 이렇게 큰 기포는 감정의 둔감함을 의미하는 경우가 많지만, 기포가 표현된곳이 물고기가 아닌 산소통에서 발생되는 기포로 볼 때 가족 간의 분리를 위한 수단으로사용된 것으로 보이며, 이는 심리적으로 거리가 있음을 의미한다.

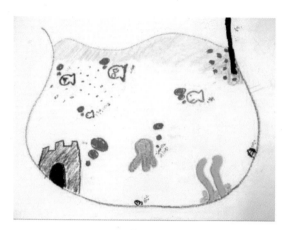

그림 58) 여/12세

　늘 아빠로부터 꾸지람을 듣는다는 한 여아의 물고기 가족화. 아동은 맨 좌측의 빨간 물고기는 야단을 맞아 울고 있는 자신의 모습이라고 말한다. 아빠 물고기(파란 물고기)는 화난 표정으로 고함을 치고 있다. 엄마 물고기(우측의 주황색 물고기)는 미소를 짓고 있지만 멀리 떨어져 있고, 아동의 모습과는 상반된 모습을 하고 있어 방관자처럼 보인다. 동생 물고기(제일 작게 그려진 물고기) 역시 아동과의 관계성이 드러나 있지 않다.

　자신을 포함한 가족 물고기들과 물고기 집에서는 기포가 발생하고 있어 아동이 가진 스트레스와 긴장감을 느끼게 한다. 이 어항 그림에서 산소통은 긴장감 해소를 위한 의미로 보이며, 자신의 주변에 떨어지는 먹이들은 아동이 가진 욕구불만에 대한 해소로 해석할 수 있다.

　또한 어항 속의 물고기들은 어항의 크기에 비해 지나치게 작아 아동이 가진 내향적 성격과, 위축, 소심함을 엿볼 수 있다.

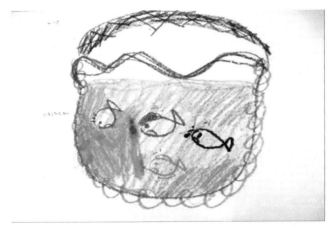

그림 59) 여/16세

　가족 안에서 갈등을 겪고 있는 여학생의 물고기 가족화. 자신을 가장 먼저 그렸지만(어항 맨 하단의 분홍 물고기), 자신감이 있어 보이지 않는다. 가족 안에서 관심받고자 하는 자신의 소망을 나타낸 것으로 보인다(나머지 가족 물고기는 모두 여학생의 위에 나란히 그려져 있어서 가족 내 여학생의 위치가 낮음을 알 수 있다. 나이 어린 동생이 보모님과 나란히 위에 그려져 있는 것은 이 여학생이 받는 스트레스를 짐작하게 해 준다).

　중앙에 위치한 엄마 물고기는 화를 내는 모습으로 표현하였는데, 우측에 위치한 아빠 물고기보다 크기가 크고 먼저 그려져 있어서 가족 내에서 큰 힘을 지녔음을 유추해 볼 수 있다.

　이 어항그림은 다른 어항 그림에 비해 어항을 둘러싼 장식이 강조되어 있는데, 이런 손잡이, 어항 받침 등의 표현은 심리적 불안에서 기인하는 것으로 보고되고 있다.

　그림은 어항을 그린 도식에 물고기를 먼저 그리지 않고 물을 먼저 채워 채색한 것으로 여학생이 가진 충동성(성급함)을 알 수 있는데, 그림 그릴 때 느낄 수 있는 빠른 속도감과 필압 상태는 이를 뒷받침해 준다.

그림 60) 여/12세

어항 외에 집안 내부가 함께 그려진 여아의 물고기 가족화. 어항 속에는 물고기와 기포만 있을 뿐 아무것도 그려져 있지 않다. 오히려 어항 외부의 세계를 강조하고 있다. 이는 그림 검사에 대한 회피 혹은 불안으로 해석할 수 있다. 이러한 불안감은 어항을 놓아둔 탁자에서도 볼 수 있다(어항 받침, 탁자 등의 등장은 불안으로 해석).

이 물고기 가족화에는 가족 그림이 하나 더 등장한다.[7] 어항 우측 상단에 보이는 사진 액자 그림이 그것인데, 이는 현재의 가족 모습이라기보다는 아동이 소망하는 가족의 모습으로 보인다. 헤엄쳐 가고는 있지만 서로 밀착되어 있지 않을 뿐 아니라 기포를 통해 서로를 모두 분리시키고 있다. 물고기의 표정도 웃고 있지 않다. 그러나 액자 안의 가족그림은 이와는 상반된 형태로 그려져 있다. 작은 벽 속에 그린 액자는 답답하고 어색해 보인다. 그럼에도 불구하고 아동이 또 하나의 가족그림을 그린 것은 그만큼 자신이 소망하는 바가 큼을 알 수 있게 해 준다.

---

7) 필자의 임상에서는 물고기 가족화 외의 다른 가족그림 검사에서 이처럼 두 가지 가족화가 동시에 등장하는 경우가 많았었는데, 대부분 이러한 형태의 그림은 두 가지의 그림 형태가 상반된 내용을 담고 있었다.

그림 61) 여/12세

이 물고기 가족화는 8살 아래의 남동생 때문에 스트레스를 받는 여아의 그림으로 표현력이나 완성도에서 볼 때 많은 에너지를 느낄 수 있다. 그리고 그 에너지는 어항 속 물고기나 수초의 움직임에서도 볼 수 있다(움직임을 만화적인 기호로 그려내고 있다).

그러나 이처럼 활동적인 내용에도 불구하고 이 물고기 가족화는 불안을 상징하는 표현이 많이 등장한다. 어항을 비추고 있는 강한 램프, 어항을 받치고 있는 테이블, 물고기 밥의 표현, 밖으로 나가는 출구(문) 등은 각각 온정(사랑)에 대한 갈망, 아동이 가진 불안 및 외부로부터의 도움을 요청하는 안전에 대한 욕구, 욕구에 대한 해소 및 답답함을 호소하는 것으로 해석할 수 있다.

내담자의 그림을 분석하다 보면 이처럼 그림은 역동적이고 즐거워 보이더라도 그 내용적인 측면에서는 상이하게 해석될 때가 자주 있는데, 이는 불안을 막기 위한 반동형성[8]으로 볼 수 있다. 즉 아동은 현재 자신의 감정과는 전혀 다른 행동을 함으로써 자신의 불안을 인식하지 않으려는 것이다.

---

8) 반동형성(Reaction formation): 수용될 수 없는 것을 수용될 수 있는 것으로 변화시킴으로써 억압을 효과적으로 유지시키고자 하는 기제로서, 의식 안에서 자아가 느끼는 고통스런 생각이나 감정이 대체되는 현상을 가리킨다. 예를 들어 어머니에 대한 증오의 감정이 억압된 아동은 어머니의 안녕에 대한 극도의 염려와 관심을 발달시킬 수 있다(미국정신분석학회, 2002).

그림 62) 남/11세

학업에 대한 압박과 어린 여동생으로 인해 스트레스를 받고 있는 남아의 물고기 가족화. 아빠 물고기를 제일 중앙에 크게 그렸지만, 자신의 물고기(맨 좌측 물고기)를 제일 먼저 그림으로써 주목받고자 하는 자신의 마음을 표현하였다.

한 방향으로 헤엄치는 물고기들은 각기 흩어져 일정한 거리를 유지하고 있어 가족 간의 역동성이 보이지 않는다. 어린 여동생은 수초를 통해 어항 맨 하단에 분리시킴으로써 여동생과 심리적으로 가깝지 않음을 보여 준다.

그림의 좌측에는 산소통을 강조하여 표현하였는데 많은 기포들이 발생하는 것으로 피검사자가 스트레스로 인해 답답함을 호소하는 것으로 해석할 수 있다. 자신의 물고기가 산소통을 가까이함은 이를 뒷받침해 준다.

11세의 나이에도 물고기의 표현이 사람처럼 그려진 것은 동물을 의인화하는 아동기 미술표현이 아닌, 가족(사람)을 그리는 것에 대한 강박적인 표현이 반영된 것으로 이는 융통성이 없거나 고지식한 면이 있는 것으로 해석할 수 있겠다.

그림 63) 여/11세

이 물고기 가족화는 피검사자가 나이에 비해 묘사력과 표현력이 뛰어나고, 그림을 그리는 데 적당한 에너지와 통제력을 지녔음을 보여 준다. 이는 그림뿐만 아니라 일상생활에서도 같은 면모를 보일 것으로 추측할 수 있다. 또한 화려한 물고기의 표현에서 피검사자의 감성이 매우 풍부함을 알 수 있다.

이 그림에서 주목해야 하는 것은 특이하게도 어항을 그린 도식에 어항의 수면을 표시한 뒤 바로 물고기에게 먹이를 주고 있는 손을 그렸다는 점이다(대부분의 피검사자들은 물고기를 먼저 그리거나 혹은 어항 내부를 장식하는 경우가 많다).

물고기 가족화 검사에서 먹이의 표현은 애정, 보살핌에 대한 욕구로 해석하는데, 이는 피검사자의 가장 큰 욕구가 그림에 반영된 것으로 보인다. 어항 속 초가집의 표현도 같은 의미로 해석할 수 있다. 자신의 물고기(어항 상단의 분홍색 물고기)를 제일 마지막에 그렸으면서도 가장 크게 그린 것은 이런 욕구에 대한 표현 혹은 부모에게 관심받고 싶은 피검사장의 마음을 보여 주는 듯하다.

이런 유형의 그림은 형제, 자매 중 가운데 위치한 아동에게서 많이 나타난다.

8. 자기가 강조된 그림

그림 64) 여/7세

초등학교 1학년 여아의 물고기 가족화. 자신의 물고기(좌측 상단의 분홍색 물고기)를 제일 먼저 그렸으며, 아빠, 엄마, 동생 물고기를 차례로 그렸다. 여아는 물고기들이 자신의 뒤를 따라서 헤엄치고 있다고 말했다. 물고기의 크기가 가족관계와 상관없이 같은 크기로 그려진 점, 자신을 제일 먼저 그린 점, 위의 기술 내용 등으로 미루어 여아는 가족 내에서 가장 주목받고 싶은 자신의 마음을 표현한 듯하다. 집안의 가장인 아빠와 동일선상에 그려진 점도 이를 뒷받침해 준다.

어항에 비해 물고기를 크게 그린 것으로 다소 충동적인 부분을 느낄 수 있는데 이는 선의 형태나 필압 상태에서도 볼 수 있다. 가족 물고기들을 각각 특색 있게 표현한 점은 가족들을 사랑하는 아동의 맘을 잘 드러내고 있다. 한 방향으로 헤엄치는 물고기들과 밝은 물고기들의 표정에서 가족의 역동성을 읽을 수 있다.

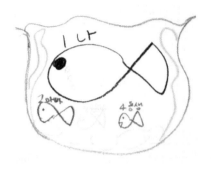

그림 65) 여/14세

중학교 2학년 여학생의 물고기 가족화. 부모의 관심을 모두 남동생이 독차지하고 있다고 느끼는 피검사자는 자신의 슬픔을 눈물로 표현하고 있다. 좌측과 우측의 수초와 수초를 연결하고 있는 큰 돌멩이들은 어항 안을 에워싸고 있는 상태로 불안감에 대한 표현으로 해석할 수 있는데 이는 보호받고 싶어 하는 자신의 바람을 상징적으로 표현하고 있다.

피검사자는 자신은 늘 학업으로 스트레스를 받고 고민이 많지만 누구도 자신을 이해해 주지 않으며, 부모는 늘 남동생에게만 관심을 보인다고 말한다. 그래서인지 부모의 물고기와 남동생은 일직선상에 함께 위치하고 있다.

자신을 제일 먼저 가장 큰 물고기를 표현했지만, 자신감 있고 자신을 강조하고 싶었던 것이 아니고 부모에게 관심과 사랑을 받고 싶어 하는 소망을 그림으로 드러내었다.

처음 그려진 물고기가 너무 크고 다른 물고기, 수초 등의 표현에서 필압 상태가 불규칙적이고 정돈되지 않아 피검사자의 충동성을 읽을 수 있지만, 이러한 무의식 상태에서 자신을 강하게 표현한 점은 그만큼 자신의 소망이 간절함을 잘 드러내고 있다.

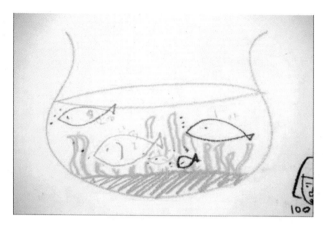

그림 66) 여/15세

중학교 3학년 여학생의 물고기 가족화. 제일 먼저 아빠 물고기(우측의 파란물고기), 엄마(좌측 상단의 보라색물고기), 자신의 물고기(분홍색물고기), 동생물고기들을 작게 그려 내었다. 자신의 물고기를 3번째로 그렸지만 자신의 물고기가 가장 크게 그려졌다. 특이한 점은 어항 밖에 자신의 모습을 한 번 더 그렸다는 점이다. 피검사자는 우등생으로 부모의 관심과 사랑을 받는 데서 오는 중압감과 스트레스가 크다고 이야기하면서 자신의 답답함을 호소하고 있다.

자신은 늘 100점만 받는다고 생각해서 어항 밖 자신의 얼굴 아래에는 100이라는 숫자가 쓰여 있다. 얼굴이 온전히 그려내지 못하고 반쪽만 그린 것은 이러한 우울감에서 오는 표현으로 해석할 수 있다. 또한 동생들의 물고기들이 아주 작게 표현된 것은 언니로서 동생들을 돌봐야 하는 현재의 자기모습을 잘 나타내어 주고 있다.

동생물고기의 표현, 자신의 물고기가 가장 크게 그려진 점 등은 피검사자가 가족 안에서 갖는 책임감(중압감)을 상징적으로 나타내고 있다.

9. 부모가 강하게 표현된 그림

그림 67) 여/10세

초등학교 4학년 여아의 물고기 가족화. 어항에 가득 차게 물고기를 그렸다. 실제 자신의 가족은 네 사람이지만 다른 물고기들이 많이 등장하는 것으로 가족만큼 자신과 친숙한 사람을 표현하거나 혹은 가족 안에서 만족감을 느낄 수 없는 것에 대한 표현으로 해석된다. 오른쪽에 세로로 제일 크게 그린 것이 아빠 물고기이다. 아빠임에도 불구하고 빨간색으로 채색하고 눈썹을 그렸으며 지느러미도 매우 큰 것으로 보아 가정 내에서 절대적인 영향력을 지녔을 것으로 보인다.

특이한 점은 여아가 자신의 사촌 언니를 제일 먼저 그리고, 그 다음 외사촌 언니를 그린 점인데, 가족 외의 물고기들이 제일 먼저 그린 점은 주목할 만한 것으로 아동은 가족 내에서 심리적인 안정감을 느끼지 못하는 듯하다. 그 외 작은 외삼촌, 큰 외삼촌 등의 물고기도 표현되었는데 이처럼 다른 친척과 언니들의 등장은 자신의 가족 내에서 애정이나 욕구가 해결되지 않아 다른 대상으로부터 그것을 찾으려는 의도로 해석된다.

그림 68) 여/15세

　중학교 3학년 여학생의 물고기 가족화이다. 가운데 검정 아빠 물고기를 가장 먼저 그렸고 그 다음에 뒤쪽에 있는 분홍색 엄마 물고기를 그렸으며 아빠를 중심으로 작은 세 마리의 물고기(자신과 동생들)가 매달려 있는 형상을 취한다.

　피검사자는 아빠가 항상 일 때문에 힘들어하고 아빠를 돕기 위해 엄마 역시 새로운 일을 찾기 위해 공부를 시작했다고 말하며, 부모에 대한 사랑과 고마움을 표현하였다. 부모 물고기는 너무 힘이 들어 수면에 얼굴을 내밀고 숨을 쉬고 있다. 이는 자식들을 키우기 위해 애쓰는 부모의 노고에 대한 표현으로 해석된다. 커다란 아빠 물고기와 엄마 물고기에 매달려 있는 자신과 동생들의 물고기는 부모에게 의존하여 살아가는 현재의 모습을 잘 대변해 주고 있다. 어항은 큰 물고기 두 마리로 자유롭게 헤엄칠 공간이 없어 피검사자가 가지는 답답함을 느낄 수 있지만, 피검사자의 기술에 따르는 이 어항 그림은 부모를 걱정하는 장녀의 마음이 잘 드러나 있다. 또한 가족의 역동성도 느낄 수 있다. 이 물고기 가족화는 그림이 그 외적으로 표현된 것만으로 해석되어서는 안 된다는 사실을 잘 일깨워 주고 있다.

PART 06
가족미술치료 프로그램

가족미술치료 프로그램

　가족미술치료의 장점은 가족 구성원 모두가 미술활동에 참여함으로써, 그 과정 안에서 가족 개개인이 가진 성격적 유형과 심리적 상태를 파악할 수 있다는 데 있으며, 비언어적인 표현(미술활동과 그 결과물)으로 이루어지므로 직접적이지 않아 방어 및 치료과정 중의 대립을 줄일 수 있어서 원활한 의사소통을 이룬다는 데 있다.

　또한 미술작품이 가지는 공간성으로 인해 지속적으로 가족 개개인을 관찰할 수 있어, 언어로 진행되는 상담치료에 비해 치료적 효과가 지속적으로 유지될 수 있다는 장점이 있다.

　가족미술치료의 기법은 크게 개인 작업을 통해 가족 개개인을 이해하고 그로써 공감하고 배려하는 기법과 협동 작업을 통해 서로 의지, 화합, 단결할 수 있도록 하는 집단 작업 형태의 기법으로 구분할 수 있다.

　대개의 경우는 치료 초기에는 개인 작업을 통해 자신을 표현하도록 하여 가족 구성원이 서로 탐색하는 과정을 가지며, 그러한 이해 속에서 점차 화합할 수 있도록 유도해 가는 협동 프로그램을 적용하지만 그것이 늘 규칙적으로 이루어지는 것은 아니며,

치료사가 각 회기의 치료효과에 알맞도록 유동적으로 기법을 적용하도록 한다.

이 장에서는 이에 따르는 가족미술치료 프로그램과 그 진행방법에 대해 기술하고자 한다.

1. 개인 작업을 통한 가족미술치료

가족미술치료에서의 개인 작업은 가족 개개인의 고유한 성격을 파악하고 이해하는 데 도움을 줄 수 있다. 또한 개인은 작업을 통해 자신을 돌아보고 자신의 문제점을 인식함으로써 스스로 수정할 수 있는 힘을 기르도록 한다. 가장 중요한 것은 자신이 원하는 것들을 자유롭게 표현할 수 있도록 하는 것이며, 여기에는 치료사의 많은 경험과 노하우가 요구된다.

1) 가족의 별명 짓기

이 작업은 나 혹은 가족 구성원 개개인과 관계하는 가족들의 특징들을 생각하면서 별칭을 짓는 작업으로 가족들이 생각하는 자신의 모습을 돌아보며 자신을 인식할 수 있도록 한다. 그리고 이를 통해 가족과 원만한 관계를 맺을 수 있도록 자신을 변화시키는 계기를 만들어 주기도 한다.

(1) 목적

가족 안에서의 자신을 인식하기, 가족들과 나와의 관계 인식

(2) 재료

켄트지, 연필, 크레파스, 물감, 붓, 팔레트 등 다양한 드로잉 재료

(3) 미술치료의 진행

가족들을 생각하면서 어울리는 별명을 생각해 보고, 그림으로 그려본다. 구체적으로 그릴 수도 있고 어떤 이미지를 그려도 좋다. 너무 무겁게 진행하기보다는 자유로운 표현이 나올 수 있도록 분위기를 유도해 나간다. 음악을 트는 것도 좋은 방법이 될 수 있다.

(4) 작업에 대한 질문(생각해 볼 문제)

- 작업하는 과정 중 어떤 느낌이 들었나?
- 어떤 부분이 가장 힘들었나?
- 작업결과가 마음에 드는가?
- 가장 맘에 드는 별명은 어떤 것인가? 그 이유는 무엇인가?

- 가장 마음에 들지 않는 별명은 어떤 것인가? 그 이유는 무엇인가?

- 각각의 별명과 나는 어떤 관계에 있는가?

- 내가 가족들에게 지어준 별명은 어떤 이유에서인가? 가족들의 반응을 나는 어떻게 생각하는가?

- 나는 솔직히 표현하였나? 그렇지 않다면 이유는 무엇인가?

- 치료과정을 통해 나는 우리 가족에 대해 각각 어떤 생각들이 들었나?

- 내 자신에 대한 나의 생각은 어떠한가?

이 외에 치료과정의 상황에 맞게 대화를 할 수 있도록 치료사가 유도하여 진행한다.

(5) 작품사례

그림 69) 별명으로 가면 만들기 (남/7세)

엄마가 지어준 별명으로 만든 원숭이 가면 아동은 원숭이가 맘에 들지는 않지만 재주가 많다는 말이 칭찬 같아서 가면으로 만들었다고 했다. ADHD(과잉행동 충동성 조절 장애)로 학교에서 지적을 많이 받아 늘 기분이 좋지 않은 아동이지만 이 작업은 아동에게 자신감을 심어 준 것 같다.

그림 70) 돼지

그림의 아동이 엄마에게 지어준 별명. 엄마는 몸이 마른 자신에게 이런 별명을 지어준 아들이 처음엔 이해가 되지 않았지만, 자신이 외아들인 아들에게 거는 기대와 욕심이 많아서 그렇게 표현한 것 같다고 말했다. 이 작업은 단순해 보이지만 그 이미지를 통해 자신의 다른 모습을 스스로 인식할 수 있도록 하며, 개인을 변화하도록 만든다.

2) 난화 그리기

난화란 긁적거리기란 의미를 가진 일종의 낙서로 영어의 'scribble'을 번역한 미분화 내지 유아의 경우에 볼 수 있는 착화의 상태를 말한다. 난화는 인간의 발달과정의 한 부분으로 아이들은 자기 마음대로 선을 긋는 난화를 그리면서 그림그리기를 시작한다. 이러한 난화는 성인을 대상으로 한 미술치료에서도 자주 실시되는데 이는 난화의 그 표현이 그림을 그리는 것에 대한 저항감을 감소시키기 때문이다. 난화에서 떠오른

이미지는 내담자 자신의 무의식을 의식화시켜 주고 스스로 자신의 문제를 인식할 수 있도록 도와준다(유미, 2007).

(1) 목적

가족 개개인의 무의식적 소망과 갈등을 이해하므로 서로 공감하고 이해할 수 있는 소통능력을 기른다.

(2) 재료

8절 도화지, 연필, 색연필, 사인펜 등

(3) 미술치료의 진행

눈을 감고 낙서하듯 난화를 그린 다음, 눈을 뜨고 자신이 그린 난화에서 즉각적으로 연상되는 이미지를 떠올린다. 그리고 그 이미지에 대한 생각들을 가족들과 이야기 나눈다.

(4) 작업에 대한 질문(생각해 볼 문제)

- 작업하는 과정 중 어떤 느낌이 들었나?

- 어떤 부분이 가장 힘들었나?

- 연상된 이미지는 나와 어떤 연관이 있는가?

- 가족 개개인이 연상한 이미지는 그들과 어떤 연관이 있는가? 그것을 이해할 수 있는가?

- 연상된 이미지들은 부정적인가? 긍정적인가?

- 가족들의 공통점은 있는가? 차이점은 무엇인가?

- 치료과정을 통해 나는 우리 가족에 대해 각각 어떤 생각들이 들었나?

- 내 자신에 대한 나의 생각은 어떠한가?

이 외에 치료과정의 상황에 맞게 대화를 할 수 있도록 치료사가 유도하여 진행한다.

(5) 작품사례

그림 71) 회오리(여/18세)

품행장애로 부적응 행동을 보이는 여학생의 난화. 자신의 잘못으로 자신의 인생이 꼬였다면서 힘
있는 곡선의 난화에서 회오리를 떠올렸다. 이 난화에는 자신의 과오를 깨닫고 반성하는 의미가 들
어 있다. 말이 아닌 그림으로 시각화된 이런 모습은 치료에 참여했던 가족들 모두에게 애틋함을
느끼게 했다. 이러한 작업은 비록 개인 작업이긴 하지만 가족이 결속할 수 있는 힘을 준다.

3) 나의 가족 그리기

가족을 그리는 것은 유치원이나 초등 미술교육에서 자주 다루어지는 주제여서 평범
한 그림으로 볼 수 있지만, 진단적인 측면이 강한 그림검사이기도 하다.
앞서 설명한 물고기 가족화나, 동물가족화 등 가족을 주제로 한 그림은 가족 내의

역동성과 내담자(그리는 사람)의 심리적 상태를 파악하는 데 유용하다.

(1) 목적

가족 개개인의 심리적 관계를 파악하고, 관심과 이해를 통해 새로운 가족 관계를 형성할 수 있도록 도와준다.

(2) 재료

8절 도화지, 연필, 크레파스, 물감, 붓, 팔레트 등

(3) 미술치료의 진행

가족 개개인이 자신을 포함한 가족들을 자유롭게 그리도록 한다. 그림을 그린 뒤 그림을 감상하고 각자의 느낌과 생각들을 자유롭게 이야기하는 시간을 갖는다.

(4) 작업에 대한 질문(생각해 볼 문제)

- 작업하는 과정 중 어떤 느낌이 들었나?
- 가장 먼저 그린 가족은 누구였나?
- 내가 그린 가족의 이미지는 어떠한가?

■ 가족들이 그린 내 모습은 어떠한가? 그 모습에 만족하는가?

■ 그림은 과거의 경험을 다룬 것인가? 현실을 그린 것인가? 아니면 소망을 다루었나?

■ 치료과정을 통해 나는 우리 가족에 대해 각각 어떤 생각들이 들었나?

이 외에 치료과정의 상황에 맞게 대화를 할 수 있도록 치료사가 유도하여 진행한다.

(5) 작품사례

그림 72) 공주마마(여/7세)

가장 사랑하는 엄마의 모습을 공주로 그린 여아의 작품. 다른 가족은 그리지 않았다. 맞벌이로 엄마와 함께하는 시간이 많지 않아 늘 엄마를 그리워하는 여아에게 엄마는 어쩌면 공주님처럼 높고멀게 느껴지는 존재일지도 모른다. 엄마는 딸의 작품을 통해 엄마로서 역할을 하지 못하는 것에대한 반성을 하게 되었다고 말한다.

그림 73) 나의 가족(여/8세)

동생(좌측 상단의 인물)을 뾰족한 치아를 드러낸 크고 강한 모습으로 그려내어, 동생이 자신에게 공격적인 대상임을 상징적으로 표현하였다. 동생을 제일 먼저 그린 것은 피검사자가 동생을 가족 내에서 가장 중요한 인물로 생각하는 것으로 해석된다. 그림은 실제가 아닌 아동의 심리적 상황의 표현으로, 무엇이든 자신보다 잘해내어 늘 부모로부터 칭찬과 사랑을 독차지하는 동생에 대한 부러움과 사랑을 배앗긴 것에 대한 두려움을 보여주고 있다. 그림을 통해 부모는 자신의 양육태도에 대한 반성을 하게 되었다.

4) 감정사전 만들기

자신의 감정을 시각화하는 과정은 쉽지 않지만, 이 작업은 가족들 간의 이해를 높이고 서로 격려하고 지지해 줄 수 있는 시간을 만들어 준다. 또한 자신의 상황에 대한 가족의 공감과 이해는 힘든 상황을 극복할 수 있는 힘을 준다.

(1) 목적

자신의 감정을 표출함과 동시에 가족 혹은 치료사와의 대화를 통해 자신의 감정을
수용하고 반성하며 가족 개개인을 이해하게 된다.

(2) 재료

켄트지, 연필, 크레파스, 물감, 붓, 팔레트 등 다양한 드로잉 재료

(3) 미술치료의 진행

가족 개개인이 각각 자신의 희로애락(喜怒哀樂)과 관련된 경험을 그림 혹은 이미지
로 표현한다. 작업이 끝나면 그림을 감상하고 각자의 느낌과 생각들을 자유롭게 이야
기하는 시간을 갖는다.

(4) 작업에 대한 질문(생각해 볼 문제)

- 작업하는 과정 중 어떤 느낌이 들었나?
- 어떤 부분이 가장 힘들었나?
- 작업결과가 마음에 드는가? 어느 부분이 마음에 드는가 혹은 마음에 들지 않는가?
- 가장 먼저 떠오른 감정은 무엇이었나?

■ 가족들의 공통점은 있는가? 차이점은 있는가?

■ 가족의 경험을 나는 알고 있었나 혹은 기억하고 있는가?

■ 치료과정을 통해 나는 우리 가족에 대해 각각 어떤 생각들이 들었나?

이 외에 치료과정의 상황에 맞게 대화를 할 수 있도록 치료사가 유도하여 진행한다.

(5) 작품사례

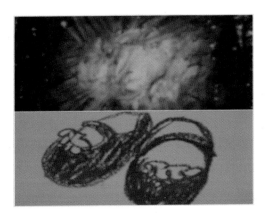

그림 74) 감정 그리기-기쁨

우울증으로 진단받은 14세 여학생 부모의 감정 그림 중 기쁨. 상단의 그림은 엄마가 출산의 고통 중 딸의 탄생에 대한 환희를 표현한 것이며, 하단의 그림은 아빠가 딸이 걸음마를 시작할 때의 기억을 표현한 것이다. 내담자는 기뻤던 기억이 생각나지 않아 그리지 않았다고 했다. 그렇지만 부모의 기쁨이 모두 자신과 관련된 것에 대해서 부모의 사랑을 느낄 수 있어 기분이 좋다고 말했다.

5) 주고 싶은 선물, 받고 싶은 선물

이 작업은 자신과 가족들의 소망을 돌아보며, 자신과 가족 간의 관계를 인식하고 가족의 의미를 되돌아보는 시간을 갖도록 한다. 크리스마스처럼 선물을 주고받는 시기에 실시하거나, 생일이나 결혼기념일 같은 각자에게 특별한 날을 기억하며 진행하여도 좋다. 여러 가지 회상과 경험들을 통해 서로에게 서운함, 고마움 등을 표현함으로써 서로 이해하고 배려할 수 있는 계기를 만들어 준다.

(1) 목적

자신과 가족의 소망을 인식, 가족 간의 원활한 관계를 유도

(2) 재료

여러 가지 크기와 모양의 선물상자, 리본테이프 등 선물상자를 꾸밀 다양한 재료들(그림으로 그릴 경우는 켄트지, 연필, 크레파스, 물감, 붓, 팔레트 등 다양한 드로잉 재료)

(3) 미술치료의 진행

여러 가지 크기와 모양의 선물상자를 준비한 자신이 가족 개개인에게 주고 싶은 선물을 그림으로 혹은 글로 표현하여 상자 안에 넣은 뒤 예쁘게 포장하도록 한다. 선물

을 전달하고 포장지를 뜯기 전에 자신이 갖고 싶은 것들에 대해 이야기해 본다(또는 주고 싶은 선물을 그림으로 그릴 수도 있다).

이야기가 끝나면 자신이 받은 선물들을 풀어 본다. 각자의 느낌과 생각들을 이야기해 본다.

(4) 작업에 대한 질문(생각해 볼 문제)

- 작업하는 과정 중 어떤 느낌이 들었나?
- 어떤 부분이 가장 힘들었나?
- 자신의 작업결과가 마음에 드는가?
- 가족의 선물은 마음에 드는가?
- 내가 받고 싶은 선물과 받은 선물은 일치하는가? 어떤 선물이 가장 마음에 드는가?
- 나는 가족의 바람을 잘 알고 있었나? 그렇지 않은가?
- 치료과정을 통해 나는 우리 가족에 대해 각각 어떤 생각들이 들었나?

이 외에 치료과정의 상황에 맞게 대화를 할 수 있도록 치료사가 유도하여 진행한다.

(5) 작품사례

그림 75) 주고 싶은 선물(여/7세)

엄마 아빠의 불화로 정서적으로 불안감을 느끼는 여아의 작품. 가족 개개인에게 필요한 물건들을 그렸다. 과장된 선물이 아닌 현실에 맞게 그려진 선물들은 엄마, 아빠로 하여금 상처받은 아이에 대해 미안함을 갖도록 만들었다. 이런 위기 상황에서의 가족 치료 도입은 원만한 가족관계를 유지 하는 데 많은 도움을 줄 수 있다.

6) 점토로 가족 얼굴 빚기

이 작업은 가족들의 현재 모습을 보면서, 가족 개개인에 대한 고마움과 사랑을 느 낄 수 있도록 도와주는 활동이다. 개인적으로는 감각을 활성화시키고, 집중력을 키워 주며, 정서적인 이완을 돕는다. 또한 손과 눈의 협응 및 소근육의 발달 관찰을 통한 작업에서 집중력과 표현력을 증대시킨다.

기능적인 측면에서는 정신장애인 혹은 집중력이 떨어지거나 과도하게 활동적인 아동에게 유용한 작업이라 할 수 있다.

(1) 목적

가족에 대한 관심 증대 및 가족 간의 원활한 관계를 유도, 감각의 활성화와 집중력과 표현력 증대

(2) 재료

점토, 점토판, 점토도구들

(3) 미술치료의 진행

자신의 얼굴을 제외한 가족들의 얼굴을 모두 만들도록 한다. 이때 얼굴을 자세히 관찰하면서 가족 얼굴들의 특징들을 생각하면서 표현해 보도록 한다. 작업이 끝나면 작품을 감상하면서 서로의 느낌과 생각들을 이야기 나눈다.

(4) 작업에 대한 질문(생각해 볼 문제)

- 작업하는 과정 중 어떤 느낌이 들었나?

- 어떤 부분이 가장 힘들었나?

- 작업결과가 마음에 드는가?

- 나는 누구와 가장 많이 닮았나?

- 가장 마음에 드는 내 얼굴은 어떤 것인가?

- 가족들의 닮은 점은 무엇인가? 다른 점은 무엇인가?

- 나는 가족들에게 닮고 싶은 점이 있는가? 그것은 무엇인가?

- 특별히 정성들여 빚은 가족이 있었나? 그 사람은 누구인가?

- 치료과정을 통해 나는 우리 가족에 대해 각각 어떤 생각들이 들었나?

이 외에 치료과정의 상황에 맞게 대화를 할 수 있도록 치료사가 유도하여 진행한다.

(5) 작품사례

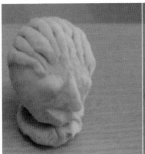

그림 76) 아빠(남/10세/ADHD)　　　그림 77) 형과 동생(남/20세/정신지체)

가족의 얼굴을 빚은 과정은 그 대상에 대한 관심과 애정을 갖도록 만들고, 그 과정에서 상대에 대한 고마움을 느낄 수 있다. 만드는 과정에서 대상과의 관계에 대해 생각해 볼 수 있는 시간도 가질 수 있다. 가족뿐만 아니라 집단 안에서 타인과의 관계형성에 많은 도움이 되는 작업이다.

7) 나의 어린 시절 그리기

이 작업은 과거를 회상하고 그것을 그림으로 나타내므로, 현재 자신과의 관계를 인식하며 자녀와 부모, 서로가 서로를 이해할 수 있는 시간을 만들어 준다.

그림은 좋은 기억일 수도 있고 좋지 않은 기억일 수도 있다. 그러한 여러 가지 기억들을 가족들과 이야기해 보고 각자의 느낌과 생각을 이야기해 본다.

(1) 목적

어린 시절의 기억이 현재에 미치는 영향을 인식하고 과거와 현재의 자신을 통합하여 심리적 균형을 얻는다. 이를 통해 가족 간의 이해를 높이고 관계를 개선해 나간다.

(2) 재료

켄트지, 연필, 크레파스, 물감, 붓, 팔레트 등 다양한 드로잉 재료

(3) 미술치료의 진행

어린 시절을 잠시 회상하는 시간을 갖는다. 그 시절 중 가장 먼저 떠오르는 장면(기억)을 그림으로 표현해 본다. 작품이 완성되면 그림을 감상하고 각자의 느낌과 생각들을 이야기해 본다.

(4) 작업에 대한 질문(생각해 볼 문제)

- 작업하는 과정 중 어떤 느낌이 들었나?
- 어떤 부분이 가장 힘들었나?
- 작업결과가 마음에 드는가?
- 내 그림 속에는 내가 등장하는가? 부모의 경우는 자녀의 그림 속에 자신이 등장하

는가?

- 그림의 상황과 나는 어떤 관계가 있는가?

- 그림에 등장하는 사람과 나는 어떤 관계가 있는가?

- 나의 그림은 긍정적인가? 부정적인가?

- 그림의 상황과 나는 어떤 관계가 있는가?

- 그림에 등장하는 사람과 나는 어떤 관계가 있는가?

- 치료과정을 통해 나는 우리 가족에 대해 각각 어떤 생각들이 들었나?

이 외에 치료과정의 상황에 맞게 대화를 할 수 있도록 치료사가 유도하여 진행한다.

(5) 작품사례

그림 78) 캐나다의 기억(남/7세)

2년 동안 잠시 살았던 캐나다를 그리워하며 그린 초등학교 1학년 남아의 작품. 자신이 살았던 곳을 자세히 기억하며 그림을 그렸다. 초등학교에 입학하면서부터 학업에 열중해야 하는 현실이 아동은 힘들기만 하다. 그림을 통해 부모는 아동의 마음을 이해하고 아이가 좀 더 자유로운 활동을 할 수 있도록 해야겠다고 말했다.

8) (가족과 함께) 가고 싶은 곳

이 작업은 가족미술치료 개인이 가고 싶은 곳을 그리는 것, 가족이 모두 함께 가고 싶은 곳을 그리는 것, 두 가지 형태로 진행할 수 있다. 전자의 경우는 치료 초기, 후자의 경우는 치료 후기에 진행하면 더욱 효과적이다. 가족의 소망을 엿볼 수 있어서 가족 개개인을 이해하는 데 많은 도움을 주는 프로그램이라 할 수 있다.

(1) 목적

현재의 자신과 가족이 소망하는 것을 인식하며, 가족의 화합을 돕는다.

(2) 재료

켄트지, 연필, 크레파스, 물감, 붓, 팔레트 등 다양한 드로잉 재료

(3) 미술치료의 진행

평소에 가고 싶었던 곳을 생각해 보고 그 장소를 그려 본다. 구체적인 장소일 수도 있고 막연히 상상하는 장소일 수도 있다. 그림이 완성되면 감상하면서 자신의 생각이나 느낌들을 가족들과 이야기 나눈다.

(4) 작업에 대한 질문(생각해 볼 문제)

- 작업하는 과정 중 어떤 느낌이 들었나?
- 어떤 부분이 가장 힘들었나?
- 작업결과가 마음에 드는가?
- 그곳에 가고 싶은 이유는 무엇인가?
- 그림 속의 장소는 갔던 경험이 있었나? 누구와 함께 갔었나? 어떤 기억이 있는가?
- 가족들이 그린 장소 중 마음에 드는 곳은 어디인가? 이유는 무엇인가?
- (개인이 가고 싶은 곳을 그린 경우)누구와 함께 가고 싶은가?
- 가족들이 함께 가고 싶은 곳은 일치하는가? 그렇다면 그 느낌은 어떠한가?
- 치료과정을 통해 나는 우리 가족에 대해 각각 어떤 생각들이 들었나?

이 외에 치료과정의 상황에 맞게 대화를 할 수 있도록 치료사가 유도하여 진행한다.

(5) 작품사례

그림 79) 가고 싶은 스위스(남/8세)

자신감이 없어 위축된 한 남아의 작품. 아동은 아빠가 스위스를 함께 가기로 한 약속을 지키지 않은 것이 속상했으며, 꼭 가족들과 가고 싶다고 했다. 좌측에 작게 그려진 스위스 건물 옆에는 약속을 지키지 않은 것에 대한 '엄마의 잔소리'라는 글이 적혀 있다. 이 작업에는 가고 싶은 소망과 함께 약속을 지키지 못한 아빠에 대한 가족의 섭섭한 마음이 함께 그려져 있다. 이 작업은 가족들과 약속을 지키기 위해 노력하겠다는 아빠의 다짐이 있었다. 이처럼 가족 미술치료는 그림을 통해 가족을 이해하도록 하며 이를 통해 가족관계를 원만히 하도록 하는 역할을 한다.

2. 집단 작업을 통한 가족미술치료

가족미술치료에서의 집단 작업은 가족 개개인을 배려하고, 이해하며 서로 협력해서 진행하는 화합을 위한 프로그램이다. 치료 초기에는 불협화음을 이룰 수도 있지만, 이 역시 서로를 이해하는 데 많은 도움을 준다. 가족 내의 역할을 통해 서로 의지하고 격려하며 타협해 나가는 방법을 배울 수 있다.

지금부터 소개되는 가족미술치료프로그램은 가족치료뿐만 아니라 일반적인 집단 미술치료에서도 적용될 수 있는 프로그램이다. 몇 가지 집단 미술치료 프로그램을 소개하면 다음과 같다.

1) 조각그림 그리기

인지가 가능한 가족 구성원 안에서는 비교적 '화합'이라는 기분 좋은 결과를 만들어 낼 수 있는 작업이다. 테두리만으로 그려진 한 장의 그림을 가족들이 나눠(조각으로 나누어) 채색하여 완성하는 기법이다.

한 장의 통일된 그림으로 완성되어야 하므로 가족 개개인들은 자신의 그림에만 집중하는 것이 아니고, 각각의 그림이 연결된 부분들을 생각하며 다른 가족의 작업에 지속적인 관심을 가져야 한다.

자신만의 개성을 강조하지 않고 자신을 가족 구성원에게 맞춰 가는 방법을 배워 가는 활동이라 말할 수 있다.

(1) 목적

자신에 대한 인식 및 가족 간의 화합 및 가족 관계 개선

(2) 재료

그림이 그려져 있는 화지(전지크기), 크레파스, 매직, 사인펜, 물감 등 여러 가지 드로잉 재료

(3) 미술치료의 진행

전지 크기의 종이에 치료사가 테두리로 완성된 그림도안을 준비한다. 이때 보편적으로 생각할 수 있는 색상의 주제를 선택하도록 한다(산, 강, 나무 등 자연물의 소재가 도움이 된다). 그림도안을 보여 주고 가족 구성원의 수만큼 종이를 등분하여 나눠 주고 채색하여 완성하도록 한다. 작품이 완성된 뒤 다시 이어 붙여 완성된 작품을 감상하고 서로의 생각과 느낌을 이야기 나눈다.

(4) 작업에 대한 질문(생각해 볼 문제)

■ 작업하는 과정 중 어떤 느낌이 들었나?
■ 어떤 부분이 가장 힘들었나?

- 작업결과가 마음에 드는가?

- 가장 마음에 드는 부분은 어디인가? 그 이유는 무엇인가?

- 나는 가족과 잘 화합할 수 있었나? 화합하기 위해 노력했는가?

- 가장 어색한 부분은 어디인가?

- 치료과정을 통해 나는 우리 가족에 대해 각각 어떤 생각들이 들었나?

이 외에 치료과정의 상황에 맞게 대화를 할 수 있도록 치료사가 유도하여 진행한다.

(5) 작품사례

그림 80) 4인 가족의 작품

그림을 조화롭게 완성하기 위해선 다른 가족의 작업에 관심을 가져야 가능하다. 자신의 주장이 너무 강하게 나오는 것에 주의해야 한다. 이 작업은 타인과 자신을 타협할 수 있도록 도와주기 때문에 집단치료에서 많이 사용된다.

2) 세상에서 가장 높고, 튼튼하고, 아름다운 다리 만들기

이 기법은 4~6명의 가족이 한 조가 되어, 다섯 그룹 이상의 인원 참여가 이루어질 때 가장 역동적으로 진행될 수 있는 프로그램이다. 다리를 만들기 위해선 설계에서부터 시작하여 기둥 만들기, 다리 상판 올리기, 장식하기 등 마무리 작업에 이르기까지 많은 역할과 분담이 필요하고 서로 화합되어야만 좋은 작업결과를 얻을 수 있다. 세상에서 가장 높고, 튼튼하고, 아름다운 다리를 만들기 위해선 집단 안에서 많은 의견이 나올 수 있다.

어떤 의견을 수용할 것인가 하는 문제는 작업의 결과에 큰 영향을 미칠 수 있다. 그렇기에 이 기법은 작업하는 동안 많은 생각을 갖게 하며, 가족 안에서 자신의 역할이 무엇인지 깨달음과 동시에 가족이 함께 단결하는 힘을 배울 수 있다.

(1) 목적

가족 안에서의 역할 분담 이루기, 협동심과 단결력 기르기, 가족들의 의견에 귀 기울이기

(2) 재료

여러 가지 종류의 박스들(많이 필요함), 접착제(굵은 테이프, 풀, 오공본드 등), 장식품들, 포장지, 드로잉재료, 다리를 꾸밀 수 있는 여러 가지 장식 재료들

(3) 미술치료의 진행

종류별로 모은 박스 및 기타 재료들을 각 조별로 똑같이 분배한다. 제목 그대로 세상에서 가장 높고, 튼튼하고, 아름다운 다리를 만들도록 지시한다. 튼튼함, 높음, 아름다움 어느 것 하나도 빠지면 안 되므로 각 조는 회의를 거쳐 다리 만들기를 진행하도록 한다. 각 조의 완성품을 한곳에 모아두고 평가 시간을 갖도록 한다(높이는 자를 이용하여 수치를 재고, 튼튼함은 무거운 가방을 올려 무너지지 않는 것으로 한다. 단, 아름다움은 매우 주관적일 수 있으므로 가장 아름답다고 생각하는 다리에 표를 주도록 하여 합계를 계산한다).

(4) 작업 후 질문(생각해 볼 문제)

■ 작업하는 과정 중 어떤 느낌이 들었나?
■ 어떤 점이 가장 힘들었나?
■ 작업결과가 맘에 드는가?
■ 가족과 서로 의견이 맞지 않을 때는 어떠하였나?

- 가장 많은 의견을 제시한 사람은 누구였나?

- 나는 역할을 하였나?

- 가족들의 역할 분담을 공평하게 이루어졌나?

- 가장 주도적인 역할을 한 사람은 누구였나?

- 치료과정을 통해 나는 우리 가족에 대해 어떤 생각들이 들었나?

이 외에 치료과정의 상황에 맞게 대화를 할 수 있도록 치료사가 유도하여 진행한다.

(5) 작품 사례

그림 81)

다리 만들기에 열중하는 가족들의 모습. 이와 같은 조별 경쟁은 집단 및 가족 간의 결속을 강화시

키고 협동하는 힘을 기르도록 한다.

그림 82) 4인 가족의 작품

조별 간의 경쟁으로 이루어지는 이 작업은 협동과 단결이 잘 이루어지도록 만든다. 대부분의 참여자들은 작업하는 동안 가족으로의 강한 소속감을 느끼고 자신의 역할에 최선을 다하게 되었다고 이야기한다.

3) 가족 배 만들기

이 기법은 필자가 가족미술치료에서 자주 이용하는 프로그램으로 조별 가족 치료 프로그램으로 고안하였다. 가족이 한 조가 되어, 다섯 그룹 이상의 인원 참여가 이루어질 때 가장 역동적으로 진행될 수 있다. 다리 만들기와 마찬가지로 많은 역할과 분담이 필요하고 서로 화합되어야만 좋은 작업결과를 얻을 수 있다. 무조건적인 경쟁보다는 한 가족이 한 배에 타고 항해를 하는 의미가 담겨 있는 작업이므로 작업하는 동안 참여자는 가족의 의미를 다시 한 번 생각하는 시간을 가질 수 있다. 가족 안에서 자신의 역할을 다지고, 가족과 의견을 교환하여 단결하고 협동하는 마음을 갖게 된다.

(1) 목적

　가족 안의 역할 다지기, 가족 간의 단결 및 협동심 기르기, 가족의 의미 깨닫기

(2) 재료

　전지크기의 켄트지, 여러 가지 장식재료, 여러 가지 드로잉 재료, 접착제, 리본 등 만들기 재료

(3) 미술치료의 진행

　"가족은 한 배를 타고 한곳을 향해 항해를 하는 배와 같습니다. 오늘은 항해를 하기 위해 우리 가족이 타고 갈 배를 만들려고 합니다. 켄트지로 배를 접은 뒤 가족들과 상의하여 멋지고 아름다운 배를 만들어 주세요."

(4) 작업 후 질문(생각해 볼 문제)

- 작업하는 과정 중 어떤 느낌이 들었나?
- 어떤 점이 가장 힘들었나?

- 작업결과가 맘에 드는가?

- 서로 의견이 맞지 않을 때는 어떠하였나?

- 가장 많은 의견을 제시한 사람은 누구였나?

- 나는 가족 안에서 어떤 역할을 하였나?

- 각 조원들의 역할 분담을 공평하게 이루어졌나?

- 가장 주도적인 역할을 한 사람은 누구였나?

- 작업하는 동안 다른 조의 작업에 관심을 가지고 있었나?

- 치료과정을 통해 나는 우리 가족에 대해 어떤 생각들이 들었나?

이 외에 치료과정의 상황에 맞게 대화를 할 수 있도록 치료사가 유도하여 진행한다.

(5) 작품사례

그림 83) 4인 가족의 작품

학교에서 부적응 행동을 보이는 중학교 학생을 둔 4인가족의 작품. 작업에 참여했던 가족은 가족이 함께하는 시간을 가진 것이 가장 기뻤으며, 작업을 하는 동안 그동안 느끼지 못했던 가족 안에서의 역할과 결속력을 느낄 수 있었다고 소감을 밝혔다. 작업과정 중 배 안에 가족 인형을 만들어 태워 가족이 각자 하는 역할을 정하고 밝은 미래를 위해 희망찬 새 출발을 하는 의미의 '희망호'라는 깃발에서 가족의 결속력을 느낄 수 있다.

그림 84)

가족을 만들어 태운 배의 모습. 자발적으로 이루어진 작업이다. 이처럼 가족만의 독특한 표현 작업은 가족 간의 결속을 더욱 강화시키는 역할을 한다.

4) 신문지를 이용한 커다란 동물 만들기

신문지를 이용하여 커다란 동물을 함께 만드는 작업이다. 앞서 진행된 프로그램들과 마찬가지로 가족의 역할 분담이 잘 이루어져야 한다.

어떤 동물을 만들 것인지, 만드는 방법, 마무리 단계까지 잘 의논하고 협동하며 진행하여야 한다. 작업결과에 대한 만족감이 높아 자신감과 성취감을 맛볼 수 있으며, 가족의 결속을 더욱 강화시킨다.

한 가족의 작업으로 진행할 수도 있지만 몇 개의 조로 편성하여 진행하면 '동물원'이라는 커다란 집합체를 만들 수 있어 성취감을 더욱 고조시킨다. 이 작업은 아동·청소년들이 속해 있는 가족을 대상으로 진행하는 것이 효과적이다.

성인에게는 순수한 동심을 불러일으킬 수 있으며, 아이들에게는 동심과 창의력을 키울 수 있는 유익한 활동이다. 또한 입체를 만드는 작업과 채색 작업에 이르는 작업의 전체 과정은 소근육 운동 및 감각을 활성화하여 집중력을 기를 수 있도록 한다.

(1) 목적

가족 안에서의 역할 분담 이루기, 협동심과 단결력 기르기, 성취감과 만족감 느끼기, 놀이적 체험

(2) 재료

신문지, 굵은 테이프, 밀가루 풀, 물, 아크릴 물감, 페인트용 붓, 마무리에 필요한 장식품들, 접착제

(3) 미술치료의 진행

- 먼저 만들어야 하는 동물에 들어갈 부위가 몇 개인지 정한다(예: 곰—머리, 몸통, 다리 4개, 꼬리, 귀 등).
- 필요한 부위의 모양과 개수를 결정하여 신문지로 뭉쳐 모양을 만든 다음 굵은 테이프로 말아서 모양을 고정한다.
- 각 부위를 굵은 테이프로 연결하여 고정한다.
- 하나로 연결된 동물의 표면을 신문지로 도배하듯 매끈하게 마무리해 준다(밀가루 풀에 물을 섞어 사용).
- 아크릴 물감으로 색을 칠한다.
- 필요한 장식을 접착제를 사용하여 붙인다.

작업이 끝나면 작품을 감상하면서 각자의 생각과 느낌을 가족들과 이야기 나눈다.

(4) 작업 후 질문(생각해 볼 문제)

- 작업하는 과정 중 어떤 느낌이 들었나?
- 어떤 점이 가장 힘들었나?
- 작업결과가 맘에 드는가?
- 가족들이 서로 의견이 맞지 않을 때는 어떠하였나?
- 가장 많은 의견을 제시한 사람은 누구였나?

■ 나는 역할을 하였나?

■ 각 가족들의 역할 분담을 공평하게 이루어졌나?

■ 가장 주도적인 역할을 한 사람은 누구였나?

■ 치료과정을 통해 나는 우리 가족에 대해 각각 어떤 생각들이 들었나?

이 외에 치료과정의 상황에 맞게 대화를 할 수 있도록 치료사가 유도하여 진행한다.

(5) 작품사례

그림 85)

테이프로 모양 고정시키기. 하단 부분을 단단히 고정시켜야 완성 후 중심을 잡을 수 있다. 힘이 들어가기 때문에 이 부분은 대부분 부모가 역할을 담당하게 된다.

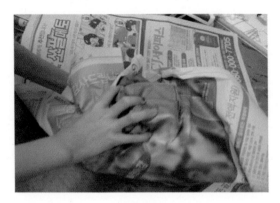

그림 86)

신문지로 뭉쳐서 동물의 부위에 필요한 모양을 만드는 작업. 몇 개의 덩어리가 필요한지 파악한 뒤 가족 구성원이 하나씩 맡아 정하는 것이 역할 분담에 좋다. 신문지를 한 장씩 뭉쳐서 필요한 모양을 만들어 간다. 신문지를 뭉치는 과정은 스트레스를 해소하는 데 도움이 되며 근육을 강화시키는 역할도 한다.

그림 87)

연결된 동물의 표면을 밀가루 풀로 도배하기. 이 과정을 거치면 일주일 정도 말리도록 한다. 풀이 손에 묻는 것에 대한 거부감이 있을 수 있지만, 이 과정역시 스트레스 해소 및 이완작업에 도움이 된다.

그림 88) 세 형제들의 작업 과정

함께 만드는 동안 형제들은 작업에 집중하며 재미와 더불어 단결하는 힘을 기른다. 완성 후에는 한 가지 더 만들고 싶은 욕구가 생긴다고도 말한다. 이러한 욕구는 미술표현에 대한 자신감과 표현력을 높인다.

그림 89) 신문을 이용하여 만든 여러 가지 동물들

5) 여러 가지 협동작업

한 가지 주제에 맞춰 가족들이 어울려 그림을 그리거나 만들어 가는 작업이다. 주로 가족 내에 유·아동이나 인지기능이 낮은 구성원이 있을 때 사용한다.

주제에 맞춰 작업을 하지만 하나하나의 요소를 그려 나가거나 만들어 가는 과정에서 자신의 개성을 맘껏 발휘할 수도 있다.

주제에 맞는 대상을 생각하는 것, 가족과 함께 어울려 작업하는 것은 개인적인 발전과 더불어 가족 안에서 협동하는 힘을 기를 뿐 아니라 가족은 하나라는 개념을 인식할 수 있도록 한다.

(1) 목적

가족과의 대화능력 및 상호관계 향상, 하나가 모여 전체를 이루는 과정을 인식한다. 이 외에 각 주제에 맞는 세부적인 목표가 설정된다.

(2) 재료

도화지(집단의 크기에 따라 용지크기도 변화), 크레파스, 매직, 사인펜, 물감 등 여러 가지 드로잉 재료, 찰흙, 찰흙도구, 찰흙 판 사진을 이용한 콜라주 등 주제에 맞는 재료를 준비한다.

(3) 미술치료의 진행

치료사가 오늘의 주제가 무엇인지 이야기해 준 다음 주제에 들어갈 대상들을 각각 작업하도록 한다. 자신의 작업을 어울리도록 배치한다. 다 같이 작품을 감상하고 이야기를 나눈다.

주제에 따른 몇 가지 프로그램을 소개하면 다음과 같다.

① 마을 꾸미기
② 바닷속 꾸미기
③ 하늘, 바다, 땅에 있는 동물들

④ 동물원 꾸미기

⑤ 시장 만들기

(4) 작업 후 질문(생각해 볼 문제)

■ 어떤 부분이 가장 힘들었나?

■ 작업결과가 맘에 드는가?

■ 혼자 하는 작업과는 어떤 점이 다른가?

■ 가장 주도적인 역할을 한 사람은 누구였나?

■ 치료과정을 통해 나는 우리 가족에 대해 어떤 생각들이 들었나?

이 외에 치료과정의 상황에 맞게 대화를 할 수 있도록 치료사가 유도하여 진행한다.

(5) 작품사례

그림 90) 바닷속 꾸미기

주제에 맞게 가족 구성원이 어울리는 바닷속 생물들을 만들어 가는 과정, 다른 가족이 만들지 않은 것들, 작업에 어울리는 것들 때로는 다른 가족의 작품에 필요한 것들을 도와주면서 진행된다. 이러한 과정 역시 가족관계를 형성해 가는 데 많은 도움을 주며 배려하고 협동하는 마음을 가질 수 있도록 한다.

6) 집단화 그리기

가족이 함께 어울려 그림을 그리는 프로그램이다. 가족의 의논을 거쳐 한 가지 주제를 정하거나 치료사가 제시한 주제에 맞춰 스케치에서 채색까지 다함께 그려가는 방법과 한 공간에 가족 개개인이 자기만의 개성적인 그림을 그리고, 그 작업을 가족 구성원이 조화롭게 만들어 마무리하는 두 가지의 진행방법이 있다.

이 역시 가족이 함께하는 작업이므로 집단의 배려, 공감, 이해, 협동이 요구된다.

(1) 목적

가족 구성원과의 대화능력 및 상호관계 향상, 하나가 모여 전체를 이루는 과정을 인식한다. 이 외에 각 주제에 맞는 세부적인 목표가 설정된다.

(2) 재료

큰 종이(보통 전지사이즈의 종이를 4~8장 정도 이어서 작업한다), 여러 크기의 붓,

아크릴 물감, 수채물감, 수성페인트 등 여러 가지 드로잉 재료

(3) 미술치료의 진행

가족이 주제를 정하거나 치료사가 지시한 주제에 맞춰 그림을 스케치한 다음 채색한다(주제에 맞는 여러 가지 대상에 대해 이야기해 보고 스케치를 하도록 하며, 종이를 벽면에 부착하거나 바닥에 놓고 그림을 그릴 수 있다). 작품을 감상하면서 작업과정 및 작업결과에 대한 생각과 느낌을 가족들과 이야기 나눈다.

(4) 작업 후 질문(생각해 볼 문제)

- 작업에 대한 느낌은 어떠한가?
- 어떤 부분이 가장 힘들었나? 이유는 무엇이라 생각하는가?
- 내 작업은 전체의 작업에서 어떤 역할을 하는가?
- 작업결과가 맘에 드는가?
- 가장 마음에 드는 곳은 어디인가?
- 그 부분을 작업한 사람은 누구였나?
- 그 사람의 기분은 어떠한가?
- 잘 어울리지 않는 곳이 있는가?(조심스러운 질문이므로 주의하도록 한다)
- 그 부분을 작업한 사람은 누구였나?
- 그 사람의 기분은 어떠한가?

- 작업량이 가장 많은 가족은 누구였나?

- 혼자 하는 작업과는 어떤 점이 다른가?

- 혼자 하는 작업과 가족이 함께하는 작업, 나는 어떤 작업을 선호하는가? 이유는 무엇이라 생각하는가?

- 치료과정을 통해 나는 우리 가족에 대해 각각 어떤 생각들이 들었나?

이 외에 치료과정의 상황에 맞게 대화를 할 수 있도록 치료사가 유도하여 진행한다.

(5) 작품사례

그림 91) 6인 가족의 함께 그리기 작품

마치 한 사람이 그린 듯 조화롭게 그려진 가족의 협동 작품. 그리는 동안 한 사람 한 사람의 손길에 집중하고 그에 맞게 그리려 노력한 흔적들이 역력히 드러난다. 가족은 모두 만족감을 느꼈지만, 그림 속에 한곳에 모여 있지 않고 거리를 두고 흩어져 그려져 있는 가족들의 모습을 보면서 가족 간의 대화가 잘 이루어지지 않는 자신의 모습을 볼 수 있었다. 이러한 인식은 타인에 의해서가 아니라 스스로 이루어진다는 데 미술치료의 의미가 있으며, 이로써 가족은 스스로 변화할 수 있도록 노력하게 된다.

7) 함께 이어 그리기

가족이 함께한 종이에 그림을 그리는 것으로, 서로 말을 하지 않고 차례대로 그림을 한 번씩 번갈아 그린다. 주제를 정할 수도 있고 주제 없이 먼저 그린 사람에게 맞춰 나가며 차츰 그림의 주제가 부각되도록 그려 가는 경우도 있다.

그림을 그려 가는 동안에 가족들의 심리적 상태를 이해할 수 있게 되며, 함께 작업하는 동안 가족들에 대한 배려를 하게 되기도 한다. 함께 그리는 작업이므로 한 사람 한 사람의 흔적을 관찰하면서 과연 원하는 것이 어떤 것인지 이해할 수 있도록 노력해야 한다.

(1) 목적

가족 구성원과의 대화능력과 상호관계를 촉진시킨다.

(2) 재료

켄트지(전지), 연필, 크레파스, 물감, 붓, 팔레트 등 다양한 드로잉 재료

(3) 미술치료의 진행

벽면에 켄트지 전지를 붙인 다음 가족 구성원이 한 사람씩 차례로 나와 그림을 그린다(이때 한 사람이 너무 많은 양의 그림을 그리면 작업에 방해가 되므로 손을 떼지 않는 한 줄기의 선을 사용하는 등의 규약을 제시한다).

하나의 그림이 나오는 것을 잊지 않도록 하며, 앞 사람의 그림에 어울리도록 차례대로 그림을 그리고 그림이 화지에 차게 되면 가족들이 상의해서 끝나는 시간을 정하도록 한다. 그림이 완성되면 작품을 감상하면서 자신의 생각과 느낌을 가족들과 이야기 나눈다.

(4) 작업 후 질문(생각해 볼 문제)

- 작업에 대한 느낌은 어떠한가?
- 작업결과가 맘에 드는가?
- 힘든 부분이 있었나? 어떤 이유에서였나?
- 작업결과는 나에게 어떤 의미를 주었나?
- 내 작업은 전체의 작업에서 어떤 역할을 하는가?
- 작업결과가 맘에 드는가?
- 가장 마음에 드는 곳은 어디인가?
- 잘 어울리지 않는 곳이 있는가?
- 작업량이 가장 많은 가족은 누구였나?

- 혼자 하는 작업과는 어떤 점이 다른가?
- 혼자 하는 작업과 가족이 함께하는 작업, 나는 어떤 작업을 선호하는가? 이유는 무엇이라 생각하는가?
- 치료과정을 통해 나는 우리 가족에 대해 각각 어떤 생각들이 들었나?

이 외에 치료과정의 상황에 맞게 여러 가지 질문을 치료사가 추가하여 해 보도록 한다.

(5) 작품 사례

그림 92) 3인 가족의 작품

아주 조화로운 그림은 아니지만 그림을 그릴 때 즐거웠을 가족들을 떠올릴 수 있다. 장난기 많은 아들의 기분에 맞춰 동심으로 돌아간 부모님들의 손길이 주목을 끈다. 이처럼 일상에서 잘 경험되지 못했던 것을 미술작업은 가능하도록 만든다. 이것이 가족치료의 힘이 아닐까 생각한다.

그림 93) 우울증으로 입원 중인 엄마가 포함된 3인 가족의 작품

환자는 병원 생활로 우울하기는 하지만 가족이 함께하는 미술치료에 참여하면서 모처럼 즐겁게
보낼 수 있었다고 말했다. 그림을 보면 가족들의 재미가 느껴질 뿐 아니라 재미있게 구성해 가는
가족들의 하나 된 마음도 엿볼 수 있다.

8) 숨어 있는 편지 쓰기

가족 미술치료종결에 자주 쓰이는 프로그램이다. 가족 미술치료에 참여한 가족 구
성원들이 종결에 앞서 그동안 치료과정에 있었던 가족 간의 상호작용을 통해 느낄 수
있었던 감정과 소감을 정리해 보고 개개인의 가족 구성원들에게 자신의 소망이나, 격
려, 지지, 감사의 말 등을 글이나 그림을 통해 전달한다.

치료 종결에 대한 불안과 아쉬움을 정리할 수 있으며, 가족 구성원 각자에게 남겨
진 메시지는 가족 간의 결속과 치료적 효과를 유지할 수 있는 작업이 될 수 있다.

(1) 목적

치료 종결에 대한 정리 및 불안감 해소, 가족 관계에 대한 긍정적 사고 유발. 가족 간의 새로운 관계 형성(새로운 출발을 의미)

(2) 재료

켄트지, 흰색 크레파스, 물감, 붓, 팔레트, 물통 등

(3) 미술치료의 진행

만약 이 프로그램이 종결에 쓰인다면, 지난 치료 회기에 대해 생각하는 시간을 갖도록 한다(만약 그간의 작품을 포트폴리오로 남겼다면 자신과 타인의 작품을 감상하면서 치료과정에 대한 소감을 이야기 나누는 것이 좋다).

8절 혹은 4절 도화지의 상단에 자신의 이름을 쓰고 옆에 앉은 가족에게(왼쪽이든 오른쪽이든 한 방향으로) 자신의 종이를 넘긴다. 종이를 받은 사람은 이름의 주인공에게 격려와 지지 등의 하고 싶은 말들을 흰색 크레파스를 사용하여 글 또는 그림으로 남긴다. 같은 방법으로 종이를 한 방향으로 계속 돌려 이름의 주인공에게 보낼 메시지를 보낸다. 자신의 이름이 쓴 도화지가 자기 자신에게 올 때까지 작업을 계속 반복한다. 그 그림 그리기가 끝나면 자신의 이름이 적힌 켄트지에 좋아하는 색의 물감을 칠하도록 한다(여러 가지 색을 사용하여도 무방하다). 물감을 칠할 때마다 가족들이

자신에게 써 준 글이나 그림이 보이게 되면 그때의 감정을 즉석에서 이야기해도 좋다.

작업이 끝난 뒤 작업결과에 대한에 각자의 생각이나 느낌들을 가족들과 이야기 나눠본다.

(4) 작업 후 질문(생각해 볼 문제)

- 작업하는 동안 어떤 생각이 들었나?
- 작업에 대한 느낌은 어떠한가?
- 작업결과가 맘에 드는가?
- 힘든 부분이 있었나? 어떤 이유에서였나?
- 작업결과는 나에게 어떤 의미를 주었나?
- 작업결과가 맘에 드는가?
- 가장 마음에 드는 부분은 어디인가?
- 치료과정을 통해 나는 우리 가족에 대해 각각 어떤 생각들이 들었나?

이 외에 치료과정의 상황에 맞게 여러 가지 질문을 치료사가 추가하여 해 보도록 한다.

(5) 작품 사례

그림 94)

붓으로 물감을 채색할 때마다 나에게 쓴 편지글이 보인다. 대부분 이 과정은 호기심을 자극시키며, 글을 읽는 동안 글을 쓴 대상에 대한 고마움을 느낄 수 있게 한다.

그림 95)

가족들 각각의 글을 다른 색으로 예쁘게 표현하는 과정은 자신만의 독특한 표현방법이 될 수 있으며, 글 읽기의 재미를 고조시킨다. 그리고 이러한 시각작업이 갖는 큰 의미는 치료적 효과가 지속적으로 유지될 수 있다는 데 있다.

참고문헌

—단행본—

김동연, 『미술치료의 이론과 실제』, 대구: 동아문화사, pp.33-34, 1994.

김동연·공마리아·최외선 편저, 『HTP와 KHTP심리진단법』, pp.31-75.

김동연·정현희 공저, 『심리진단과 치료』, 대구대학교 출판부, 1997.

김동연 외 편저, 『HTP와 KHTP심리 진단법』, 서울: 동아문화사, 2002.

김수희 외 공저, 『아동발달』, 서울: 양서원, 2007.

김영애 외 4인(2004), 『가족치료: 핵심개념과 실제적용』, 서울 : 시그마프레스.

김용태, 『가족치료이론』, 서울: 학지사, 2003.

김유숙, 『가족치료』, 서울: 학지사, 1998.

김유숙, 『가족치료 이론과 실제』, 서울: 학지사, 2002.

김 정, 『아동회화의 이해』, 서울: 창지사, p.513, 1989.

김정택, 『가족상담』, 서울: 서강대학교 교육대학원, 2004.

김진숙, 『예술심리치료의 이론과 실제』, 서울: 학문사, 1993.

김재은, 『아동의 심리진단』, 서울: 백록출판사, 1984.

김재은, 『아동화의 심리진단』, 서울: 과학교육사, 1994.

김혜숙, 『가족치료이론과 기법』, 서울: 학지사, 2003.

김혜숙 외, 『유아그림의 심리진단』, 세종출판, 2001.

대한신경정신의학회 편, 『신경정신과학』, 서울: 하나의학사, p.705, 1997.

대한신경정신의학회 편, 『신경정신의학』, 서울: 중앙문화사, p.412, 2009.

류종훈·설영익·노수경, 『가족상담과 치료원리』, 서울: 은혜출판사, 2005.

민성길, 『최신정신의학』, 서울: 일조각, 2003.

박태영, 『가족생활주기와 가족치료』, 서울: 학지사, 2003.

백중열, 『아동미술치료』, 경기: 공동체, 2008.

변용만 외 공저, 『아동발달』, 서울: 양서원, 2007.

송성자, 『가족관계와 가족치료』, 홍익제, 1995.

송정아·최규련 공저, 『가족치료의 이론과 기법』, 하우, 1997.

성민선·송준역, 『가족 의사소통의 새로운 기법: 사람 만들기』, 하우, 1995.

신민섭 외, 『그림을 통한 아동의 진단과 이해』, 서울: 학지사, 2003.

오병남 외, 『미학으로 읽는 미술』, 월간미술, 2007.

유미, 『현장적용을 위한 미술치료의 이해』, 경기: 한국학술정보(주), 2007.

이영화, 『서양미술사』, 서울: 박영사, 1990.

이영 외, 『영유아 발달』, 서울: 학지사, 2009.

이현섭 외 공저, 『아동발달심리』, 서울: 학지사, 2007.

이희경, 『마음속의 그림책』, 서울: 미래 M&B, 2009.

임승룡, 『미술』, 서울: 시대기획, p.249, 1994.

전성수, 『교과교육학 & 미술교육학』, 경기: 한국학술정보, 2006.

정문자, 『사티어 경험적 가족치료』, 서울: 학지사, 2007.

정문자 외, 『가족치료의 이해』, 서울: 학지사, 2007.

정여주, 『미술치료의 이해』, 서울: 학지사, pp.15-17, 2003.

정옥분, 『아동발달의 이론』, 서울: 학지사, 2007.

정 은, 『가족치료이론과 실제』, 서울: 창지사, 2006.

정혜정·이형실 편역, 『가족치료: 체계론적 통합』, 하우, 1997.

정현희, 『실제적용중심의 미술치료』, 서울: 학지사, 2006.

조복희, 『아동발달』, 서울: 교육과학사, 2003.

주리애, 『미술치료는 마술치료』, 서울: 학지사, 2000.

진영석, 『가족치료』, 백산출판사, 1997.
진용일, 『심리학 개론』, 서울: 동문사, 1993.
천은영, 『그림을 통한 아동미술치료』, 서울: 동화기술, 2010.
한국미술치료학회, 『미술치료의 이론과 실제』, 대구: 동화문화사, 1994.
홍숙기, 『일과 사랑의 심리학』, 서울: 나남, 1994.

―역서―

Carl Gustav Jung 외, 『인간과 상징(Man And His Symbols)』, 이윤기 역, 서울: 열린 책들, 1996, p.221.
Charles L. Thompson & Linda B. Rudolph 공저, 『아동상담의 이론과 실제』, 천성문 외 공역, 시그마플레스, 2001, p.122.
Cathy A. Malchiodi, 『미술치료(The Art therapy sourcebook)』 최재영·김진연 역, 서울: 조형교육, 2000.
Christine Kerr, 『가족미술치료』 오선미 역, 서울: 시그마프레스, 2010.

Ernst Hans Josef Gombrich, 『서양미술사』, 최민 역, 서울: 열화당 미술선서, 1995.
Gisela Schmeer, 『그림속의 나(Das Ich im Bild)』, 정여주·김정애 역, 서울: 학지사, 2004.
Gumaer J., *Counseling and Therapy for Children*, 이재연 역, 서울: 양서원, 1987.
Helen B. Landgarten., 『가족미술심리치료』, 김진숙 역, 서울: 학지사, 2004.
Ingrid Riedel, 『융의 분석심리학에 기초한 미술치료』, 정여주 역, 서울: 학지사, 2000.
Jean Louis Ferrier, 『20세기 예술의 모험』, 김정화 역, 에이피인터내셔날, 1990, p.813.
Jennifer Mason, 『질적연구방법론(Qualitative Researching)』, 김두섭 역, 서울: 나남, 2004.
John. Short, 『인간의 도시』, 백영기 역, 서울: 한울, 2000, p.18.
Judith A. Rubin, 『미술치료학 개론』, 이재연 역, 2006, p.151.
야야 헤릅스트, 『피해의식의 심리학: 피해자의 역할에서 벗어나는 법』, 이노은 역, 서울: 양문, 2005.
캘빈 S. 홀, 『프로이드심리학』, 백상창 역, 서울: 문예출판사, 1983, p.155.

Robert Burns, 『동적 집·나무·사람 그림검사』, 김상식 역, 서울: 하나출판사, 1998.
미국정신분석학회, 『정신분석용어사전』, 이재훈 외 옮김, 한국심리치료연구소, pp.143-144, 2002.

—학위논문—

구미례, "가족미술치료가 가족구성원 간의 의사소통과 상호존중 및 가족건강성에 미치는 영향", 백석대학교 박사학위청구논문, 2008.
김수만, "가족공동체회복을 위한 가족치료이론 적용방안연구", 광주가톨릭대학교 석사학위청구논문, 2008.
김효진, "정신병환자의 미술표현에 관한 연구", 숙명여자대학교 석사학위청구논문, 1996.
김효숙, "가족의 자아존중감, 의사소통 및 가족관계 개선을 위한 가족미술치료 사례연구", 영남대학교 박사학위청구논문, 2008.
박주혜, "가족생활주기에 따라 전업주부의 지각이 배우자의 일과 삶의 조화가 주부에게 미치는 영향", 이화여자대학교 석사학위청구논문, 2008.
신연숙, "정신분열증환자의 미술표현 연구", 서울대학교 석사학위청구논문, 1995.
오경선, "공공미술연구", 중앙대학교 대학원 석사학위청구논문, 2001.
유 미, "정신분열증 환자의 미술치료와 삶의 질", 동국대학교 석사학위청구논문, 2004.
조혜령, "가족상담을 위한 Haley와 Minuchin의 가족치료 비교연구", 총신대학교 상담대학원 석사학위 청구논문, 2008.

—학술지—

공세권·조애저·김승권, "가족계획사업의 개편방향에 관한 소고(1991년 조사결과를 중심으로)", 한국인구학회, 1993.
기정희, "정신분열증환자의 풍경화에 나타나는 특징", 신경정신의학 21, 1982, pp.553-561.
김규수, "정신질환자의 사회복귀를 위한 사회치료", 한국정신의료사회사업학회 제1집, 1994.

김종훈 외, "비정형 항정신병약물을 투여중인 정신분열병 환자의 주관적 삶의 질", 한국신경
    정신의학회 제42권 제2호, 2003.
남정자·한영수·최정수·한충길, "정신보건의 현황과 정책과제", 한국보건사회연구원, 1994.
노명래, "정신분열증 환자의 회화요법 및 회화상 특징", 미술치료연구, 1998.
대구광역시 아동 학대 예방 센터, "피학대 아동의 정서안정을 위한 미술치료 서비스", 2001.
박태영, "가족치료사례에 대한 의사소통이론과 가족체계이론의 적용", 한국정신건강미술학
    회, 2010.
유 미, "예술의 사회적 기여에 관한 국내외 실증사례연구(미술치료부분)−한국문화예술위원
    회 예술정책연구 협력연구과제", 한국문화예술위원회, 2008.
유 미·신동근, "만성정신분열증 환자의 미술치료와 삶의 질", 용인정신의학보 제12권 제1호,
    2005.
유 미, "커뮤니케이션 매체로서의 미술", 임상미술치료학 연구 제1호(2), 2006.
정문자·김연희, "가족생활주기별 내담자의 문제와 가족치료기법 분석", 한국가족치료학회지
    8−1, pp.3−29, 2000.
정선화, 하정희(2008). "집단미술치료가 부적응행동 아동의 학교적응에 미치는 효과", 변형영
    유아 교육연구, 제 2권, 제1호.

—외국서적 및 논문 참고문헌—

Awad G(1992). Quality of life in schizophrenic patients on medications and
    implications for new drug trials. Hosp Community Psychiatry 43: 262−265.
Awad AG(1993). Methodological and design issues in clinical trials of new
    neuroleptics: an overview. Br J Psychiatry 163(Suppl 22): 51−57. Averch, S.
    A.(1982). An art therapy curriculum schizophrenic adults in a day treatment
    setting. thesis(ED.D). Harvard University.
Ahern, G. L. & Schwartz, G. E.(1985). Different lateralization for positive and negative
    emotion in the human brain: EEG spectral analysis. Neuropsychologia 23(6).
Allen, P. B.(2001). Art making as a spiritual path: The open studio process as a way

to practice art therapy. In J. A. Rubin(Ed.). Approaches to art therapy: Theory and technique(pp.178−188). New York: Brunner−Routledge.

Alschuler, R. H., & Hattwick, L. W.(1947). Painting and personality. A study of young children 2. Chicago: University of chicago press.

America Psychiatric Association(1980). Diagnostic and statistical manual of mental disorder(3rd ed). Washington, DC: Author.

Bhattacharya J. & Petsche H.(2002). Shadows of artistry: Cortical synchrony during perception and imagery of visual art. Cognitive Brain Research, 13, 179−186.

Bhattacharya J. & Petsche H.(2005). Drawing on mind's canvas: Differences in cortical integration patterns between artists and non−artists. Human Brain Mapping, 26.

Bowen, M.(1978). Family therapy in clinical practice. New York: Jason Aronson.

Bowen, M C.(1976). Principles and techniques and of multiple family therapy. In M. P. H. Guerin Jr. (Ed), Family therapy: Theory and practice. New York: Garden Press.

Buck, J.(1970). The House−Tree−Person technique(revised manual). Cali: Western psychological services.

Buck, John N.(1940). The JNB drawing test(a preliminary report). Virginia ment. hug surv. 2(12).

Buck, John N.(1947). The H−T−P, a projective device. Amer. J. on ment. def. 51, 606 −610.

Buck, John N.(1947). The H−T−P.(Mimeographed tetative manual). Virginia: Lynchburg state colony.

Buck, John N.(1948). The H−T−P. Journal of clinical child psychology. 4, 151−159.

Buck, J. W., & Hammer, E. F.(1969). Advances in House−Tree−Person techniques: Variations and applications. Los angeles: Western psychological services.

Buck, R. C., Kaufman, S. H.(1972). Actions, styles and symbols in Kinetic Family Drawing(K−F−D): AN interpretative manual. New York: Brunner. Mazel.

Burns, R. C.(1979). Kinetic Family Drawing: Practice and reserrch panel. Annual meeting of the american association of psychiatric services for children. Chicago, New York: Taperecording. Audio Transcripts Ltd.

Burns, R. C. & Kaufman, S. H.(1970). Kinetic Family Drawings: An Introduction to Understanding Children through Kinetic Drawings. New York: Brunner/ Mazel.

Burt H.(1995). Beyond practice: A postmodern feminist perspective on art therapy research. Art Therapy: Journal of the American Art Therapy Association, 13(1).

Davison, G. C., & Neal, J. M.(1998). Abnomal Psychology. J ohn Wiley & Sons.

Dileo, J. H.(1973). Childern's drawings as diagnostic aids. New York: Brunner. Mazel.

Fernandez, A., et al.(2004). Activation of the prefrontal cortex in the human visual aesthetic perception, Proceedings of the National Academy of Sciences of the United States of America, 101.

Freud S.(1955). The interpretation of dreams(1900), Standard edition Vols., 4−5, London: Hogarth press.

Gantt, L. M.(1998), A discussion of art therapy as a science, Art Therapy: Journal of the American Art Therapy Association, 15(1).

Goodman M, Smith T.(1997): Measuring quality of life in schizophrenia.

Goodman N.(1989): "Aims and Claims", Art, Mind & Education: Research from Project Zero, ed.

Medscape mental health. 2(11) http://www.medscape.com/

Gottman, Karman & Notarius(1977)

Green, B. L., Wehling c. & Talsky, G. J.(1987), Group Art Therapy as an Adjust to Treatment for chronic Outpatients, Hospital & Community psychiatry, 38(9). pp.988−991.

Dally T.(1986). Kunst als Therapie: Eine Einfürung, Daedalus, Rheda−Wiedendrük. Green, B. L., Wehling c. & Talsky, G. J.(1987), Group Art Therapy as an

Adjust to Treatment for chronic Outpatients, Hospital & Community psychiatry, 38(9). pp.988-991. Henley, D. R.(1992), Exceptional children: Exceptional art. Worcester, p.17, MA: Davis Publications.

Hammer, E. F.(1969). Hierarchical organization of personality and the H-T-P, achromatic and chromatic.

Hoshino, Kerr, McCarley, Parashak, Suthurland 저, 오선미 역(2010), 『가족미술치료』, 서울: 시그마프레스.

Hulse, W. C.(1951). A catalogue for the qualitative interpretations of the house-tree-person. Los Angeles: Western psychological services.

Hurwitz, A. & Day, M.(2001). Children and their art: Methods for the elementary school, p.57, Orlando, FL: Harcourt College Publisher.

Jacobson & Margolin(1979)

Jolles, I.(1952). Catalogue for the qualitative interpretation of the H-T-P, Call.: Western psychological services.

Jung(1929). Ziele der Psychotherapie: GW, Bd. 16, Olten 1972, S. 38-56.

Kaplan, F. F.(2004). Inner space, Art Therapy: Journal of the American Art Therapy Association, 21(3).

Kerr & Bowen (1988), Family evaluation: An approach based on Bowen theory, New York: Norton and Co.

Kwiatkowska, H. Y.(1978). Family Therapy and Evaluation Through Art. Springfield, IL: Charles C. Thomas.

Kris, E.(1952). Psychoanalytic Explorations in Art, New york: Univ. press.

Landgarten, H. B.(1987). Family Art Psychotherapy. N. Y.: Bruuner/Mazel.

Leo(1970)

Lewis, H. P.(1973, Ed.), Child Art: The Beginnings of Self-Affirmation. Berkeley: DiabloPress.

Lidz, Fleck & Cornelison(1965), Schizophrenia and the Family. New York: International Univ. press, Inc.

Lowenfeld, V.(1957), Creayive and Mental Growth pp.38−56, New York: Macmillan.

Lubin, J.(1984). The art of art therapy, New York: Brunner/Mazel.

Manheim, 1953.

Machover, K.(1949). Personality in the drawing of human figure. IL: Charles C Thomas.

Marinich J.(1976). Art therapy: Its use in hospital treatment of patient with schizophrenia, Masters Thesis(M.A), Ursuline College.

Moriarty J.(1976). Combining activities and group psychotherapy in the

Nicols&Schwartz, (2004). Family theory: Concepts and methods(6th ed.), New York: Garden Press.

Oster, G. & Gould, P.(1999). Zeicbnen in Disnostik und Therapie. Paderborn, Junfermann.

Patricia A. St. Jone. Art Education, Therapeutic Art and Art Therapy: Some Relationship, Art Education January 1986, pp.14−16.

Patterson, G. R.(1976). The aggressive child: victim or architect of a coercive system in Behavior Modification and Families. ed. Mash, E. J., Hammerlynck, L. A. and Handy, L. C., New York: Brunner/Mazel.

Perterson, C. S.(1977). Roots as shown in kinetic family drawing. the commentary, Bountiful, UT: Carr publishing Co.

Reiner·E. R, Trllin. J, A.(1975), Rating Pictorial Expressions of a Schizophrenic. Vol.2. p.168. Arts Psychotherapy. New York.

Rogers(1957), Client−centered therapy.

Rubin, J.(1999), Art therapy An Introduction. Taylor & Francis.

Rubin, J.(1984), Child Art therapy(2nd ed.). New York: Van Nostrand Reinhold.

lman, E.(1961). Art therapy: Problems of definition. Bulletin of Art therapy, 1(2), pp.10−20.

Ulman, E.(1976). Art therapy: In the Mental Health Disciplines Ndtes on the Develoment Disabled, Hosp Cummunity Psychiatry, 27(7), 1976, pp.495−504.

Ulman, E.(1977). Art therapy: Problems of the emotionally disturbed. American Journal of art therapy, 17, pp.13–16.

Ulman, E., Levy. B. I.(1984). An Experimental Approach to the Judgement of Psychopathology from Painting. Vol.23. p.49. Journal of Art Therapy. New York.

Wadeson H.(1980), Art psychotherapy, New York: John Wiley & Son.

Watson, J. B.(1984), Behaviorism

Weiss & Isaac(1978)

Wynne, L. C., Ryckoff, I. M., Day, J., & Hirsch, S. I.(1981), Pseudo–Murtuality in the Family Relations of Schizophrenia.

Family Therapy: Major Contributions, edited by Robert Jay Green and James L. Framo. Madison and Connecticut: International University Press Inc.

Wolff, W.(1946). The personality of the pre–school child. New York: Grune and stratton.

Stuart, R. B. (1969), 'Operant–interpersonal treatment for marital discord', Journal of Consulting and Clinical Psychology, 33, 675–682.

유미

경희대학교 사범대학 미술교육학과 졸업
동국대학교 문화예술대학원 예술치료학과 졸업(미술치료 전공, 예술치료학 석사)
경희대학교 일반대학원 사학과 박사과정 수료(미술사 전공)
독일 드레스덴 미술치료대학원 Kunstetherapie mackenspie과정 수료
독일 Artaban Kunstetherapie Schule 인지학 미술치료과정 수료
독일 인지의학 치료사 협회 미술치료(formenzeichnen 과정)수료/헤어텍 대학교 부속병원
한라그룹 홍보실
갤러리 프린스 인 큐레이터
더리미 미술관 학예사 겸 문화센터 강사
서울시립 용인정신병원 미술치료 임상실습
서울시립아동복지센터 미술치료사
새중앙아동발달센터 미술치료사
황원준 신경정신과 미술치료사
경기대학교, 용인송담대학, 홍익대학교 미술교육원 강사 역임
경기도 제2청사 여성문화기획과정 출강
대한임상미술치료학회 임상수련교육과정 강사 역임
용인시 정신보건센터 미술치료사
특수 분야 교사직무연수 출강(미술치료)
현) 아트포미미술치료연구소장
　　성균관대학교 겸임교수
　　경희사이버대학교, 영동대학교, 경기대학교 대학원　외래교수
　　용인시 청소년 수련관 교육강사
　　한국정신건강미술학회 부회장
　　한국통합예술치유진흥회 이사
　　한국조형교육학회 정회원

독일 프뢰벨 특수학교 미술치료프로젝트 참가(동서의 만남)
장애아동 미술치료 피크닉 행사
다문화 가족 미술치료 피크닉 행사
정신 그 내면의 세계-경기도 4개 시 정신장애인 미술품 순회전시(2007, 전시기획)
탄생에서 죽음까지-더리미 미술관(2008, 전시기획)
상여 가는 길(전통 장례문화 재연)(2008, 전시기획)
허수아비전-더리미 미술관(2008, 전시기획)
더리미 미술관 청소년 도예전(2008, 전시기획)

더리미 미술관 실버 도예전(2008, 전시기획)

「현장적용을 위한 미술치료의 이해」

「정신분열증 환자의 미술치료와 삶의 질」

「현장적용을 위한 미술치료프로그램과 진행」

「미술치료와 삶의 질」

「만성정신분열증환자의 미술치료와 삶의 질」

「커뮤니케이션 매체로서의 미술」

「만성정신분열증환자의 미술치료 임상사례−집단미술치료 과정에 따른 작품변화를 중심으로」

「미술작품 속에 보이는 자아방어기제」

「미술치료실증사례연구−미술치료의 사회적 기여도에 관한 연구」

「정신보건센터에서의 미술치료 임상사례−풍경구성법의 변화를 중심으로」

정선화

유아교육전공
중앙대학교 일반대학원 석사과정 졸업(문학석사)
중앙대학교 대학원 박사과정 수료
혜림유치원 미술강사
혜림유치원 담임교사 근무
삼육대학교, 공주영상대학, 강남대학교, 경인여대, 수원여대 출강
강남대학교 평생교육원, 보육교사교육원 – 아동미술교육, 아동상담 강의
생각꿈틀 미술관 – 창의성전문가 양성과정 강의
교육과학기술부 – 창의·인성 프로그램 개발에 참여, 일부 프로그램 개발
KAIST(한국과학기술원) – 현직 교사 대상 창의·인성 프로그램 강의
화성시 교육지원청, 남양주시 교육청 관내 중학교 – '창의적 체험활동'강의
임상미술치료사 자격획득
독일 Artaban Kunstetherapie Schule 인지학 미술치료과정 수료
독일 인지의학 치료사 협회 미술치료(formenzeichnen 과정)수료/헤어텍 대학교 부속병원
'정신 그 내면의 세계' – 경기도 4개시 정신장애인 미술품 순회전시 ; 그림진단
한국통합예술위원회 주관 미술치료 활동 진행
장애인복지관 1년간 미술치료 자원봉사
서울시립 용인정신병원 미술치료 임상
안양시내 초등학교 병설유치원 미술치료
경인여대 산학협력 프로젝트 참여 – 아동보육기관에서 미술치료활동 진행

현) 초등학교 3년간 특수학급, 방과 후 교실 아동대상 미술치료사로 활동
　　대학 부설유치원 미술치료 진행
　　조선일보 창의성 프로그램
　　Art for me미술치료 연구소 부소장
　　특수분야 교사 직무연수 출강(미술치료)
　　안양시내 초등학교 특수반 미술치료

「동화 꾸미기 활동이 유아의 창의적 표현에 미치는 영향」
「집단미술치료가 부적행동 아동의 학교적응에 미치는 효과」
「외국의 통합보육정책 방향과 특징 고찰」
「미술치료기법을 활용한 집단미술황동이 유아의 창의적 표현에 미치는 영향」

가족미술치료와
물고기 가족화의 해석

초판발행 2011년 1월 28일
초판 3쇄 2020년 2월 10일

지은이 유미 · 정선화
펴낸이 채종준
기 획 이주은
편 집 박재규
표지디자인 정형일

펴낸곳 한국학술정보(주)
주소 경기도 파주시 회동길 230 (문발동)
전화 031 908 3181(대표)
팩스 031 908 3189
홈페이지 http://ebook.kstudy.com
E-mail 출판사업부 publish@kstudy.com
등록 제일산-115호(2000. 6. 19)

ISBN 978-89-268-1880-0 03180 (Paper Book)
       978-89-268-1881-7 08180 (e-Book)